臺灣歷史與文化 研究輯刊

十三編

第 11 冊

臺灣京劇演員參與崑劇演出研究
（1951～2013）（下）

李巧芸 著

花木蘭文化事業有限公司

國家圖書館出版品預行編目資料

臺灣京劇演員參與崑劇演出研究（1951～2013）（下）／李巧
芸 著－初版－新北市：花木蘭文化事業有限公司，2018〔
民 107〕
目 4+166 面；19×26 公分
（臺灣歷史與文化研究輯刊十三編；第 11 冊）
ISBN 978-986-485-303-8（精裝）
1. 崑劇 2. 戲劇史 3. 臺灣
733.08   107001593

ISBN-978-986-485-303-8

9 789864 853038

臺灣歷史與文化研究輯刊
十三編　第十一冊　　　　　ISBN：978-986-485-303-8

臺灣京劇演員參與崑劇演出研究（1951～2013）（下）

作　　者　李巧芸
總 編 輯　杜潔祥
副總編輯　楊嘉樂
編　　輯　許郁翎、王筑　美術編輯　陳逸婷
出　　版　花木蘭文化事業有限公司
發 行 人　高小娟
聯絡地址　235 新北市中和區中安街七二號十三樓
　　　　　電話：02-2923-1455／傳真：02-2923-1452
網　　址　http://www.huamulan.tw 信箱 hml 810518@gmail.com
印　　刷　普羅文化出版廣告事業
初　　版　2018 年 3 月
全書字數　280863 字
定　　價　十三編 24 冊（精裝）台幣 60,000 元

臺灣京劇演員參與崑劇演出研究
（1951～2013）（下）

李巧芸 著

目次

附錄六：訪談問題

- 請問您開蒙戲爲何戲？
- 請問您什麼時候開始接觸崑曲？學戲時是否以崑曲開蒙？學崑曲的目的爲何？何時開始大量學習崑曲？
- 請問您崑劇的學習到演出之間經過了幾年的學習及歷練？
- 是否參與崑曲傳習計畫？/崑曲傳習計畫期間向哪些老師學了哪些戲？崑曲傳習計劃開始前後學習崑曲有何不同？
- 請問您崑曲學過哪些劇目？如何決定學習的劇目？本身的行當與崑曲劇目學習的行當是否有關聯或影響？向哪些老師學習哪些戲？學習的心得爲何？您喜愛的崑曲劇目爲何？您常演的崑曲劇目爲何？您演來得心應手的角色爲何人？
- 請問您在陸光/海光/大鵬/大宛/復興/國光在校期間所受之教育爲？是否與您學習崑曲有關？
- 因京劇爲您的專業，何時排練及學習崑曲？是劇團安排抑或自己定期充電？願意在京劇專業之外持續學習崑曲至今的原因與動力爲何？
- 請問跟京劇演員、崑劇演員學習崑曲之間的不同？他們對您在崑劇專業的幫助上分別爲何？
- 請問您是否教崑曲？對象爲何？教過哪些劇目？在哪些場所教？請問您如何決定學生學習崑曲的劇目？
- 請問您參與哪些劇團或在哪些場合演出崑曲？國內或國外的邀約狀況如何？
- 請問您的崑曲演出合作對象爲？與京劇演員合演及與崑劇演員合演的差別？劇種是否影響演出默契？

- 在您參與崑曲演出後，觀眾結構是否有所改變？崑曲觀眾與京劇觀眾有何不同？

- 請問您在京崑的學習中，認為崑曲與京劇有什麼不同？在學習上有什麼困難？在表演講求上有何不同？您認為學習的困難點與挑戰為何？學習崑曲的心路歷程與轉變？

- 學完崑曲後，是否對京劇技藝產生幫助？請問您具體運用在哪些地方？

- 是什麼支撐您在本身的團務安排、練功、上課外，又再參加外團傳統戲及小劇場演出，並配合學習新戲碼（僅論傳統折子戲）？

- 獨角戲教學的選擇上，為何是〈思凡〉而不是〈尋夢〉？

- 請問貴團如何找大陸崑劇演員（張毓文）來教學？學習了哪些劇目？

- 請問您創辦劇團的始末？創團目的與宗旨？創團的願景？創團演出的劇目如何選擇？

- 團員有哪些？國內外固定合作演員為？

- 貴團創辦至今邀過哪些老師來教哪些戲？如何決定人選及戲碼？

- 請問貴團的大型公演劇目、演員、師資如何決定？

附錄七：溫宇航訪談稿

　　溫宇航，1982 年考入北京戲曲學校崑劇班，工小生，師從馬玉森、滿樂民、朱世藕、沈世華、張毓文、傅雪漪、劉國慶、汪世瑜、蔡正仁、石小梅、張洵澎、洪雪飛等學戲，2012 年 12 月 1 日拜姜派傳人林懋榮為師。曾任職於北方崑曲劇院及紐約林肯藝術中心，因參與陳士爭導演的五十五齣足本《牡丹亭》，獲「最佳柳夢梅」之稱。居美期間仍每年定期回京數月，拜師問藝於白派嫡傳馬玉森門下，潛心繼承學習白派藝術，為使之承傳不息而努力。2007 年起成為蘭庭崑劇團的駐團藝術家，曾獲金曲獎傳統戲曲演唱最佳詮釋獎、第二十屆全球中華文化藝術薪傳獎。

　　訪談時間：西元 2013 年 12 月 18 日下午 15:00
　　訪談地點：木柵星巴克

問：請問您開蒙戲為何戲？學過哪些崑劇？如何決定學習的劇目？向哪些老師學習哪些戲？您常演的崑曲劇目為何？

溫：入學的第一學期以基本功為主，教同場曲（純唱）和基本形體訓練。隔年九月後才開始學戲，我的開蒙戲是《白兔記・出獵回獵》的咬臍郎，雉尾生應工，主教老師是朱世藕，學此戲的同時，也學《繡襦記・打子》的鄭元和，窮生應工，戲校內學戲的規定是每學期至少一個主角戲、一個配角戲，奠定自己在小生行當各門類的基礎。第二學期學了《牡丹亭・遊園驚夢》，第三學期學《百花記・百花贈劍》。記得在第四年同時學了六齣戲：《連升店》、《牡丹亭・拾畫叫畫》、《石秀探莊》、《連環記・小宴》、《販馬記・寫狀》、《紅梨記・亭會》，那個學期的學習可說是用加碼、灌輸的方式學習。也在坐科期間學了《玉簪記・琴挑》（沈世華老師教的）、《金不

換〉、《連環記・梳妝擲戟》、《漁家樂・藏舟》、《長生殿・小宴》、《西廂記・佳期》、《荊釵記・見娘》等戲。戲校的另一個規定是要在六年坐科期滿前，需得學會主角戲加主要配角戲共二十齣戲並全經過正式彩排及匯報演出，評分並通過考核後，才能畢業，訓練得相當磁實。與現在的情況大不相同，現在還得夠那個份兒才讓你綵排，否則你連綵排的機會都沒有。那個時候每個學生的機會都很公平，不論你好與不好，你都有一次機會。

在北京市戲曲學校學戲期間，不只向北崑的老師們（如朱世藕老師、馬玉森老師、滿樂民老師、沈世華老師）學戲，學校也邀請其他院團的演員來校教戲，如請浙崑汪世瑜老師傳授《牡丹亭・拾畫叫畫》、上崑蔡正仁老師教《販馬記・寫狀》、南京崑石小梅老師指導《連環記・小宴》等，一來有機會能跟各小生演員學習他們的拿手戲，二來也使小生組的同學能夠學習巾生、窮生、大小官生、雉尾生的戲，將小生各家門的戲皆通透爲科班生的必備，不分文武，照著教程制度，所有的學員文戲、武戲都得學。

坐科期間學習的戲，劇目首先以北崑的保留劇目爲優先，並佐以其他院團演員們的拿手戲教學。因老師們團內事務繁忙，除演出外也有各自的教學任務，因此來北崑「客座」教學的日子特別寶貴，得在短時間內跟老師學到戲的精髓，學戲的時間非常密集、短，好比石小梅老師僅花十八天教《連還記・小宴》、汪世瑜老師僅用十四天傳授《牡丹亭・拾畫叫畫》，時間分秒必爭，要在最短的時間內學到老師的精華。因此，爲了配合外團老師教學的課程，常因此調整原本的學習進度、壓縮了時間以學更多戲，以便能學得週全。

剛入校時學的《牡丹亭・遊園驚夢》和《百花記・百花贈劍》是坐科時的常演劇目，類似學員班的保留劇目，這兩齣戲學得早、實踐得多。學校除了安排在期末的學員班的匯報公演上演出，同時也接洽外面的活動或專場演出，找一切表演的機會讓我們實踐。

在美國的期間，爲了傳承北崑的白（雲生）派小生藝術，每年皆回北京向北崑馬玉森老師學戲。同時，也向坐科期間未得親炙的上崑岳美緹老師學了很多戲，如《玉簪記・問病、偷詩、秋江》等戲。來臺灣後，向北崑張毓文老師學戲，如今年（2013 年）12 月在蘭庭崑劇團演出的《玉簪記・茶敘》。

問：身爲崑曲院團培養的崑劇演員，想請問您認爲京劇劇校與崑劇院團培養
　　演員間有何不同？

溫：基本上沒有不同，兩者皆有紮實的基本功教學，同時唱功也是兩劇種極
　　要求的項目。不同的只在於劇種的「味道」，我們從小學的就是這個，是
　　根深蒂固的，是透過熏陶得來的。

問：因崑曲爲您的專業，現又加入國光劇團，如何安排排練及學習京劇、崑
　　曲的時間？是劇團安排抑或自己定期充電？學習的心得爲何？

溫：自 2010 年加入國光劇團，大量演出京劇，去年（2012 年）12 月 1 日拜
　　了姜派傳人林懋榮老師爲師，正式跟隨老師學習姜派小生戲。身爲國光劇
　　團的團員，自以團內的學習及演出任務爲優先，目前預定先將姜派著名的
　　「姜八齣」（《轅門射戟》、《白門樓》、《監酒令》、《玉門關》、《羅成叫關》、
　　《羅成托兆（小顯）》、《孝感天》、《飛虎山》）拿下，在時間的緊迫性及體
　　能考量上，以唱功繁重的《玉門關》、《白門樓》爲優先學習劇目。明年（2014
　　年）可能學《評雪辯蹤》、《沙橋踐別》等戲，會慢慢地、按部就班地學下
　　來。在國光劇團的安排下，我所學的戲皆有展演的機會，這對我來說是很
　　好的實踐機會，同時也讓老師教戲的意願更高，不若老師在大陸教了一齣
　　戲，學生卻苦無機會登台，需得論資排輩的等，最後只能擱著放，對學生
　　和老師來說都相當可惜。跟我不一樣，教完我我馬上就能夠演，對老師來
　　說那種教的動力不同，會覺得每次教的戲都有實踐的機會、展示的空間，
　　能夠眞正的呈現，才是眞正的繼承。因爲國光劇團在安排學戲及安排演出
　　上給了我許多機會，我向老師學了戲後，能在國光劇場演出，除了讓我在
　　學戲時的動機更加強烈，對老師來說也是很大的鼓勵。

　　　　又比如今年（2013 年）在香港戲曲節時和岳美緹老師吃飯，老師就
　　提說一向《琵琶記》都是以旦角爲主要線索，好比〈吃糠〉等正旦戲，很
　　少以小生來串折，希望我能唱哪齣哪齣，因此我回來後就開始規畫了演
　　出，從〈南浦〉（跟樂漪萍老師學並合演過）開始，唱〈辭朝〉（預定明年
　　找蔡正仁老師學），當然也得顧及體力，中間加了齣〈描容別墳〉（長燕今
　　年跟周雪雯老師學了），再接唱〈書館〉（2006 年時跟蔡正仁老師學過），
　　請了周雪雯老師來教戲。預計明年（2014 年）11 月要在國光劇場演出，
　　對戲的演出來說是個突破，對演員來說這麼演也是對於體力、嗓音的一大
　　考驗。

　　雖然加入了國光劇團，但我並未忘記我的老本行，同時也希望透過貢獻一己之力豐富國光劇團的演出劇目，我有許多「有的放矢」的行為，除了希望能在國光劇場演出外，也希望能形成一種崑劇演出的規模，始終沒放棄這一塊。國光劇團對團員的提戲是相當友善的，我提出了崑劇戲碼學習的報告，經過團裡開會討論通過後，就著手安排師資、戲碼、成員，這樣的過程透過我入團後的每年提報漸漸成為模式，經過了兩三年向北崑的張毓文老師學戲的規劃，並且透過「張毓文老師傳承專場」的方式將教學成果呈現，漸漸地崑曲演出在國光劇團就有了他的位置。這樣的成果十分鼓舞我，在劇團的學戲演出規劃上能將自己的意見提出，並且能得到團裡的採納且實現，讓我覺得在國光劇團中條件寬鬆、又對我很尊重，我由衷地感謝國光劇團對我的愛護，除了固定的團務演出外，又能夠實現我對戲曲的堅持，這是國光劇團對我的吸引力，讓我很願意、高興能留在國光劇團發揮我的長才效力的原因。同時，能舉辦「張毓文老師傳承專場」這樣的演出，一方面能夠具體將老師的教學透過演出展現在觀眾面前，另一方面又是一項值得嘉許的演出策劃，連在大陸本地的崑團也不見得能夠辦到，這是十分難得的，老師也十分高興。何況是一個京劇團在舉辦崑劇傳承的專場，這除了顯示國光劇團的多元發展外，也是十分了不起的成就。我會繼續致力於在國光劇團推動京劇演員學習、演出崑曲的風氣，期待為臺灣觀眾帶來更多崑劇觀賞機會，並以不同於南崑的演出風格，豐富臺灣崑曲觀眾的視野。

問：請問您在臺灣教崑曲的對象有哪些？教過哪些劇目？請問您如何決定學生學習崑曲的劇目？

溫：在 2010 年剛加入國光那年，曾在戲曲學院的中專部裡開過一學期每週三個半小時的「形體訓練」，教戲校裡小六到高三的小生組身段，按部就班地教形體組合，如水袖、指法、腳步、圓場等，約十三人。但團務繁忙，加上光是一門課的訓練是不夠的，課堂上的學習雖有用處，回到他們老師那裡學戲，還是得服從主教老師的教學，因為無法體現在戲上，這使得同學們也無法運用所學，就是個學習的過程。不過也有些零散的學生來求教，我也會針對他們的戲給予指點，但都是很零散的。

　　為著推廣崑曲，我不能只是學戲、演出，演員們也得從培養觀眾的層面下手。於是我跟蘭庭崑劇團合作，開設了一系列的課，做為我工作外的

社會課程。總計教了《紅梨記·亭會》唱腔選段、《玉簪記·琴挑、問病、偷詩、秋江》、《西廂記·佳期》、《紫釵記·折柳陽關》等戲，預計明年（2014年）一月要開《牧羊記·望鄉》。戲目的選擇比較有彈性，都是我唱得有心得、心裡有底、紮實得學演過且十分有感觸，從唱法上能跟大家講一下的戲。雖則是給曲友們上課，但培養專業演員和培養曲友的面向不同，一個是專業考慮、一個是興趣導向，希望能藉此更加推廣崑曲的美。需得培養觀眾、曲友的參與，戲曲才得以延續下去。

　　同時，也應宋金龍老師之邀，到台北劇樂團的歌仔戲學員班教基本功，雖然我對歌仔戲的閩南語一竅不通，沒辦法教他們唱腔，但我可以教他們身段。

問：請問您在蘭庭崑劇團演出崑曲的情況？加入國光劇團的契機？

溫：2005 年應蘭庭崑劇團之邀來臺演出，2006 年參與其復團演出《獅吼記》，之後參與了《尋找遊園驚夢》、「蘭庭六記」、《長生殿》、《玉簪記》等戲，2010 年把《尋找遊園驚夢》改為劇場版演出。「蘭庭六記」的戲碼挑選主要是以我已有的戲、能夠和這邊搭配的戲、家門的分配，主要先訂了我的戲，再來搭配其他戲，共定為《紅梨記·亭會》、《繡襦記·打子》、《白兔記·產子、出獵回獵》、《連環記·小宴》、《獅吼記·跪池》及《還魂記·寫真、拾畫（北派）、叫畫（南派）、硬拷》等十齣戲。

　　2007 年原本要跟蘭庭演《連環記》，但剛好那年志萍老師的身體不好，戲就停擺了，但我人已經來了，就找了小劇本來排，改跟安麗姐（編按：朱勝麗本名）演了《尋找遊園驚夢》。剛好國光要演《新繡襦記》（俞大綱版，京劇），就把我引薦去了，想說待著也是待著，也就去了，是我第一次和國光劇團的合作。之後又陸續合作了《紅梅閣》、《鳳還巢》等戲，合作得挺愉快的。其實 2007 年時小平哥就問我願不願意加入，但因為身份的問題，直到成為美國公民、解決我的身份問題、可長期居留臺灣後，就在 2010 年加入國光劇團搭班了。

問：在您參與京劇、崑曲演出後，觀眾結構是否有所改變？

溫：當然有，自我來臺後，原本不看京劇的崑曲戲迷們，會逐步地來京劇劇場看我演戲，而那些原本不看崑曲的京劇戲迷們，也開始進入崑曲劇場看我的崑劇，看完戲後，觀眾們也願意跟我交流。同時，上我歌仔戲身段班的同學，也進入了他們原本從不觀賞的崑劇、京劇劇場，因為聽不懂，能

夠帶動原本死忠的劇種觀眾去看其他劇種的戲，還成了「鐵桿兒」粉絲，對我來說是很大的鼓舞，也覺得是很大的融合。不是只有我直接影響到的觀眾，還包含了他們的親朋好友，我認爲這對於拓展觀眾是很好的方式。

　　除了推廣班之外，我也積極在校園內進行藝術講座，希望多方面的拓展觀眾群。目前已至臺大、臺師大、政大、中正、中興、中央、交大、清大、成大、海洋、北醫、北護、宜蘭、聯合、臺藝大、北藝大、輔大、文大、實踐、銘傳、世新、台南科大、崑山科大等大學，以及建中、北一女、建臺、竹女等高中辦過講座了。這些都是我拓展觀眾進入劇場的方法。這些都是我在外面這麼多年來的積累，觀眾們願意給你意見，經過許多年的努力後，找出我想要做的事和努力的方向、方式、方法。

問：請問您與京劇演員合演及與崑劇演員合演的差別？劇種的影響與默契是否有關？

溫：因爲大家都是專業的演員，其實沒有太大差別，都受過紮實的基礎訓練，全都是能被要求的。而且他們都得到最頂尖的老師的指導與教學，所以都能學到最地道的崑曲。他們最缺的就是表現機會，如果經常訓練、演出、實踐的話，他們都會成爲很好的崑曲演員，他們不見得比崑劇團的演員差，都很好。

　　自崑曲傳習計畫以來二十年了，演員們陸續學了許多崑劇，能戲很多，只是沒有機會演。我認爲臺灣的京劇演員是很需要被鼓勵的，他們本身都有自己的團務演出、教學工作，能夠花額外的時間學習、演出這件事本身就很值得被鼓勵。實際上，人家不必來找這個絆、唱人家的京劇就好了，人家何必要來染這一水呢，是不是？人家花了很多業餘的時間，花了很多心血，來推廣崑曲，這本身就是值得肯定的。每個人都有能力的問題，人家只是從小沒有太多崑曲的陶冶，他們缺少的只是實踐的機會，可能在表現上有些個差距，其實崑劇團畢業的學生也不見得能好到哪去。從好學和刻苦的程度來看，這點眞的不容易，所以我說要給人家時間、空間和鼓勵。連大陸院團的京劇演員或崑劇演員也不需要被如此要求，一輩子就這麼鑽研某個派的某幾齣戲能唱得不精嗎？臺灣的演員眞的很強，京劇中什麼派別的戲、京劇跟崑曲兩劇種的戲都演，在他們學得如此廣的情況下，你去要求他又要廣泛、又要精緻，這是人耶，人吃五穀雜糧的，怎麼能夠做得到。他們如果沒有一定的興趣和責任心的話，是不可能達到的。

　　而且京劇演員參與崑曲演出的意義又跟曲友們參與不同，演員們是有功在身的，不能輕易地就否定了他們參與崑曲的重要。只要多演就能愈演愈好，多鼓勵才是正確的方式，希望大家不要帶著「有色鏡片」看他們的表演，這樣對他們來說既不尊重也不公平。多鼓勵就能帶動京劇演員學習崑曲的風氣，這對臺灣的崑劇演出也能起不同的效應。

問：請問您在京崑的學習中，認為崑曲與京劇有什麼不同？在表演上有何不同的講求？

溫：我自己在去年（2012 年）拜師後，就等於我京劇的學習也有個師父了，能夠用京劇的方式學京劇，跟過去學習的方式很不一樣，老師對我有很多要求，算是我京劇學習上一個質量上的飛越。向老師親學了京劇的奧妙所在，深深的體悟到京劇與崑曲間的不同：崑曲的唱腔和舉手投足都十分講究，對某一情節的表演比較注重深度的刻劃，而京劇更多的是注意到聲腔上的刻劃。崑劇的所有身段都是「絕對」主準確的，老師要求你所有唱念做打都要嚴絲合縫，即便你到那個份上老師都還要要求你呢；而京劇的身段允許「約等於」，這其間的彈性空間就非常大。身段老師僅是說說個路子，不大跟你說身上，因為沒啥身上好說的。除非有什麼身段你非得要做或要十分注意跟鑼鼓搭配的，老師才會特別說一下，否則你就靠自己的領會去揣摩該怎麼做，完全看個人表演。一開始十分不習慣，想說老師怎麼老不跟我說戲，崑曲演慣了，總覺得一舉手、一投足、一個眼神、一個水袖，都要有個準兒，要跟某句唱或某句台詞搭配，變成「往這兒走也行、往那兒走也成，你隨便來」讓我反倒不知道該怎麼演，但這就是京劇跟崑劇的不同。

　　京劇演唱要求的就是那股爆發力，音是要向上的、有勁的，跟崑曲的演唱則有相當多在低音、中音的刻劃，兩個劇種要求的嗓子運用是不同的，聲腔的風格不一樣，所以表現出來的味道也不一樣，那個勁頭完全不一樣。我過去演京劇總是被說帶崑味兒，是因為我用了崑劇的演唱習慣在演京劇，現在跟了京劇的老師認真的鑽研京劇藝術，就是學習了京劇的演唱習慣來演京劇。很高興在藝術學習上有這麼大的轉變，學著從不同的嗓子運用角度出發來演唱兩個劇種，能夠從更本質的角度來學習並演出不同的劇種，呈現出他們所要的風格。

　　崑曲和京劇也是略有不同的，對京劇演員來說最困難的是中低音區，好比崑旦也用大嗓唱，這是京劇的旦們所無法習慣的事，只是演唱習慣的不同，等他們學著用崑的習慣演出後，演出效果也是一樣的好。雖然在我來國光前他們也學也演崑曲，但在品質上的把關就有不同了，我會希望在國光劇團中的演出要有專業的水準。我跟京劇演員合演時，如果是我自己學演過、比較熟的戲就由我教，若是我沒學過大家新學的戲，就由我用崑曲的眼光來摳戲、來給大家要求，以期能達到高水平的演出。如果是生、旦行當，會跟他們說唱作間該如何搭配的具體意見，而跟隔行的老生、淨、丑行當搭配時，就給他們一些崑劇演出的建議和想法，讓他們再自行去呈現。

　　其實崑曲跟京劇不同的一點是：京劇的流派是演唱的流派，崑曲的流派是表演藝術的流派，其實崑曲是不分派的，差別不同的是表演風格與方法，路子不一樣、詮釋人物的方法不同，僅此而已。

　　同時，為了推動國光的崑劇演出能全面崑曲化，也會找來即將上演的劇碼的資料給他們看，讓樂隊有根據好打出一模一樣的鑼鼓點。因為在國光負責笛子的李經元本身是兼職，所以崑笛的演奏加強部分，就請來了北崑的國家一級演奏員、上海戲校崑二班音樂班畢業、許伯遒先生的關門弟子——徐達君老師來給他上課。如果是我的戲，我會把李經元找來拍曲，不求他唱好，因為他也不是演員，只是希望他把曲子都熟透了，增進他對崑曲的節奏、輕重緩急了解，鬆鬆緊緊、快快慢慢的規律，比如什麼是大撤、突然撤、墊腔、滑音等，讓我們的合作更理想。培養專業的樂隊及笛師，在演唱時的搭配就能更加圓滿，也是當務之急。

問：是什麼支撐您在本身的團務安排、練功外，又再參加外團演出，並配合學習新戲碼（僅論傳統折子戲）？

溫：我從不認為我自己只是個京劇演員，我的出身是崑劇演員，崑劇演出是我的專業所在。能夠透過國光劇團這個平台，推廣崑曲，是我目前努力的目標。說實話，兩岸三地目前只有臺灣有這樣的特殊的時空環境，能夠造就京劇、崑劇兼學兼演的「京崑兩門抱」的演員，成為像俞振飛那樣的京崑大師這樣特殊的藝術現象。因此希望大家對演員們多鼓勵，給予更多機會，未來會愈來愈好。

　　同時，臺灣的觀眾對北派的表演風格不熟悉，我希望能夠透過演出、邀老師來教戲及老師的教學成果等，將崑曲的更多面貌呈現在大家的面前，讓大家了解北派的風格、特色，雖跟南派的不同但也是好的、並駕齊驅的藝術。期望透過更多元、長志氣的方式，讓大家更加了解北崑的戲。

問：您引薦張毓文老師至國光劇團、臺灣崑劇團授課，老師如何決定傳授戲碼？

溫：我們其實都搭臺灣崑劇團（以下簡稱「臺崑」）的便車，臺崑邀請張毓文老師來授課，為了在劇團內推動崑曲的學習及演出，於是把老師介紹到團裡來教學。因為張毓文老師可以說是碩果僅存的純正北崑表演風格的老師，且是資深的老師，經驗豐富、長年從事教學，希望演員們能學習到其他院團同樣優秀風格的戲碼。在這三年中，老師教的主要是代表北崑的經典折子戲，比如《黛玉葬花》、《百花記・贈劍、點將》、《南柯記・瑤台》、《昭君出塞》、《西廂記・長亭》（我跟長燕合演）等戲，尤其是張毓文老師的拿手戲當然也是必學的劇目，像是《鐵冠圖・刺虎》、《爛柯山・癡夢》，這都是我從小看老師演的戲，是有鮮明北派風格的戲。而在臺崑則教了《西遊記・胖姑學舌》、《漁家樂・相梁、刺梁》等戲，但也能在國光劇場中演出呈現。國光劇團也請了樂漪萍老師來教《西廂記・佳期》，在2014年會由凌嘉臨演出。這些戲學了之後，就會慢慢推出。

　　我們現在學的崑曲跟過去東學一些、西學一些是很不相同的，是經過系統性的學習，演員們比較能夠吸收。風格統一、用一貫的模式貫穿，對京劇演員學習才有真正的幫助。當你用一種模式一直在要求、要求、要求，它就形成了一種表演習慣了，這種表演習慣就可以固定在他身上了。那有了這個表演習慣的話，他以後學什麼戲就能夠按照那樣來演，就會有崑味，就不一樣了。

　　我們請了許多老師來教戲，希望能透過這項舉動推動更多人來學戲，把老師的好戲學了並留傳下來，也希望能給老師多一點收入。國光劇團提供了大陸老師們來臺的住所，一方面也減少了崑劇團的支出，一方面也增加了國光的演員們就近向老師求教的便利性。

附錄八：朱陸豪訪談稿

　　朱陸豪，小陸光第一期「陸」字輩，工武生，受業於穆成桐。畢業於國立臺灣藝術大學戲劇學系中國戲劇組（原國立藝專），曾任職於陸光國劇隊、國光劇團。1988 年赴大陸向「猴王」白雲明請益，有「美猴王」及「臺灣第一武生」之美譽，法國費加洛日報評爲「本世紀最偉大的猴王」，贏得「台灣國寶」之稱，因此在國際間打開知名度。2002 年成立「朱陸豪京劇團」，後辭去劇團、教職，轉往演藝圈、歌仔戲發展。曾獲頒第十九屆中國文藝協會最佳表演獎、國軍金像獎最佳新人獎、國軍金像獎最具潛力獎、國軍藝工競賽最佳生角獎、全球文化藝術薪傳獎、「傳統戲曲金鐘獎」、「全球華人文化薪傳獎」之戲劇類得主。

　　訪談時間：西元 2013 年 12 月 20 日下午 14:00
　　訪談地點：林口金鑛咖啡

問：開蒙戲爲何戲？

朱：初入校時，全部學生都要學崑曲《天官賜福》的同場曲，做爲我們的開蒙，不分行當，要從頭至尾都會唱、身段都熟悉才行。等我們唱作都學完了，老師再安排我們角色，像神像、天官、虎子、魁星、牛郎、織女，每個人都有個角色，就可以登臺演了。

問：請問您什麼時候開始接觸崑曲？學戲時是否以崑曲開蒙？學崑曲的目的是？

朱：在我被分科被派到武生組後，我分科的第一齣開蒙戲就是崑曲《石秀探莊》（編按：可參考《臺灣京劇五十年》，357 頁，原圖誤植爲《白水灘》，經朱陸豪指正）。由上海來的賈斌侯老師教，前兩小時是先耗山膀然後老

師教唱，後一小時才教身段。記得那時候一招一式都被老師要求要到位，我們以前學戲身段非常嚴格，光是出場亮相，就學了快半年，你永遠也不知道錯在哪裡，就一直「再來」「再來」「再來」，我就一遍一遍來，就這樣過了半年，才紮紮實實地把這齣戲拿下了。其實我們也很感謝老師，如果不是老師那時候的嚴格，我們今天就不會有這樣的成績。

其實我們武生學的很多戲都是崑曲，加上我們平常都是唱嗩吶腔、吹腔，很少唱皮黃、不太吊嗓子的，所以我剛開始聽到胡琴聲響反而覺得緊張，聽到笛子倒覺得親切。雖然京劇演員演的崑曲，在經過消化、變化之後，我們之後看了崑曲才知道，原來我們演的崑曲跟崑曲演員演的是不太一樣的。崑劇和京劇的說白是很不一樣的，崑曲的說白有蘇崑、上崑那種，不像京劇的白口是中州韻、北京腔。因此我們發的音和崑曲的不一樣，但基本上都是唱曲牌的。

問：請問您崑曲學過哪些劇目？如何決定學習的劇目？本身的行當與崑曲劇目學習的行當是否有關聯或影響？向哪些老師學習哪些戲？學習的心得為何？

朱：武生的戲許多都是崑曲，而陸光劇隊的生行強，尤其是武生，因此，在學校就安排學了不少武戲，當然包含了崑曲。而且一個京劇演員不會唱崑曲，那他就不是一個好的京劇演員，不管你的行當是什麼。自古以來都這麼流傳的，你看梅蘭芳會演那麼多崑曲，像〈刺虎〉、《奇雙會》，所以從古至今的京劇演員訓練都是崑曲和皮黃兼學的。

在開蒙戲後，又跟北京來臺的穆成桐老師學了《武文華》（編按：可參考《臺灣京劇五十年》，357 頁）、《武松打虎》和《挑滑車》（編按：可參考《臺灣京劇五十年》，357 頁）。其中《武松打虎》和皮黃的《酒店》合演，光《打虎》大概二十五分鐘，全折總共差不多四十分鐘，之後進劇隊後再接演《殺嫂》，但《打虎》的部分就減略了，從「出場」到「酒店」的部分就改皮黃了，只有「打虎」是崑曲。《挑滑車》這戲很精彩，我在劇隊也常演，很受觀眾喜愛。《挑滑車》分兩派演法，一派是楊（小樓）派，重視角色人物的詮釋和派頭，我學的是尚（和玉）派，重視武功，動作很紮實、硬梆梆的，是截然不同的演法。尚派的戲太硬了，觀眾比較喜歡看楊派的人物，所以我後來演這戲是以尚派武功的根底，再加上人物詮釋，比較雜揉的演法，不是純然的尚派。

在校期間也跟北京富連成科班出身、在大鵬劇隊效力的孫元彬老師學《林沖夜奔》（編按：可參考「國家文化資料庫」老照片）、《美猴王》（編按：可參考「國家文化資料庫」老照片及國光劇團出版的 DVD）。《美猴王》這戲剛演出完時，大家的評價很不好，劇團說我演的這什麼「大馬猴」嘛。我很灰心，就停了兩年不演這戲，搜集資料想加強自己，之後兩岸開放後，我在 1988 年去山東濟南找白雲明老師給我上課，幫我加工。我去老師那裡上課算是帶藝學戲，除了唱腔、身段的細節，更主要著墨在營造舞台上表演的氛圍、如何吸引觀眾的注意力，之後回臺灣後在劇場演《美猴王》邊演邊修，之後上演才轟動。這戲一演二十二年，從南到北，不論公演、勞軍，巡迴全世界，2000 年巴西巡演回來後，就把這戲演出的棒子交給我的學生李佳麒了，他從畢業後就一直跟著我，演我的小猴子。演猴戲是最現實的了，唱做念打又要翻，很累，而且九十分鐘的戲，我在台上演了快七十分鐘，我沒在台上的時間都在後台趕裝。

在小陸光時學戲，也跟武花臉、武旦搭配，所以我們總是一起練功，配戲時也都是在一塊兒的。像我曾跟武旦李陸齡搭《泗水城》，基本上就是缺什麼、演什麼。但我們自己武生主角戲，全是一齣學完唱完才學下一齣的。

進入臺灣戲專後，國劇組請來徐炎之老師給我們開了堂崑曲選修課，那堂課的同學還有魏海敏、王鳳雲、李陸齡，但是跟徐老師學的比較少，因為那堂課教的是「小春香」（編按：《牡丹亭・學堂》【一江風】頭三個字），我們幾個大男生上課就顯得意興闌珊。徐老師那時候年紀也大了，唱曲的勁頭不大，沒什麼丹田氣，但給我們這些內行上課，教我們班的女生並不吃力，所以也學得來、唱得好。期末時的唱曲考試，還找來了他的學生（好像是蕭本耀）來吹笛子的樣子，我們男生就用混的參加考試，因為我們男生沒有小嗓嘛（笑）。

問：請問您在陸光劇校期間所受之教育為？在陸光劇隊時的環境如何？是否與您學習崑曲、現在的多元發展有關？

朱：陸光劇校的武生訓練在當時的劇校中比較特別、跟其他劇校不同的是：我們武生組早上練完功後，晚上還要跟著老生組的學唱腔，所以我們小陸光出來的武生都能唱。不過因為武生功練得多的關係，像是倒立拿頂，血液全都倒流到喉嚨這，對聲帶的影響很大，加上我們武生要一直翻的，不

像青衣、老生可以心平氣和的運嗓，所以他們嗓子都很順，那我們武生的一天到晚都在練功，在嗓子這方面就比較沒那麼注重，因此武生嗓子都不大好。我在劇隊的時候深感唱的不足，就想法子想改進這不足，後來就去上了聲樂課，這樣學了一年的呼吸、發聲法，嗓子就突然好了，其實只是方法對了，唱得自然也就好了。後來我就比較不怕唱功戲，也比較敢唱崑曲戲了，也比較常演《夜奔》了。

因為劇校時都是「打通堂」的，大家感情特別好，即使畢業這麼多年，那種從小一起長大的情感也是特別濃厚。像我們想說今年（2013 年）是陸字輩入學五十年，幾個同學們就想湊成一台戲為學校慶祝一下，原本只是在臉書上登消息，結果沒想到國外的同學看到了之後，就買了機票飛回臺灣，四十年沒上過台的回來也上台，身體不好的也參與了謝幕。原本只是陸光第一期生的感恩演出，但這消息傳到學弟妹耳中去了之後，他們都自願擔任龍套，這一來就擴大變成慶祝陸光創校五十年的大活動了。像我就演了《陸文龍・車輪戰》（由曹俊麟老師指導）那段二十五分鐘的戲，其他還有《四郎探母・宗保巡營、見弟》、《鎖麟囊・春秋亭》、《尤三姐・夢境》、《八五花洞・廟堂、公堂》等戲，我們許多同學畢業後就再也沒登台了，加上也不在線上、而且年紀也大了，就不敢售票演出，以贈票的形式邀大家同樂。沒想到消息傳出去後，大家都想共襄盛舉，因此就特別開放 10 月 24 日的綵排，結果索票也是十分踴躍，兩天都滿座，也有人向隅。那天我們的大家長陸軍總司令郝伯伯也來了，精神好、身體也硬朗，他還說他一百歲的時候，要叫我們再唱。

在陸光劇隊時，要演什麼戲有時候是長官下的指令，「不會？陸光不給錢嗎？」聽了就乖乖地、摸鼻子自己去找老師學，如果找不到人學，在兩岸封閉的年代，我們就請認識的日本、美國的票友將手上的影片拷貝一份給我們，那畫面都花花的，完全是拷了好幾次根本都要看不清楚了，就靠自己這樣慢慢的充實。甚至是很多久未演的老本子或老戲，就會請老前輩回想當年他們在台下看戲時的印象，並請劇團找來編劇來重新編一下，也就是「老戲新編」。學完、練好之後，就先拿來在勞軍的場合上演，大家再看怎麼修，勞軍上唱差不多了，唱得不累了，這一演差不多五六場，才拿來公演。就有點像現在的綵排，只是我們是有阿兵哥當觀眾的，而且不是只綵排一次。基本上在劇隊演戲都是現學現賣，每週會有三四天的時間在晚會、勞軍活動，所以上台機會是很頻繁的。

問：在您參與非戲曲演出後，觀眾結構是否有所改變？

朱：早期雲門的舞蹈表演偏重中國民間故事，像白蛇傳、星宿、廖添丁、奇冤報，這都從戲曲來的，而能跟舞蹈、現代舞結合的戲曲元素就是武戲了，於是，我就被林懷民老師找去參加了雲門舞集的演出，跟吳興國一起跳《紅樓夢》，一仙一道。在 1969 年我剛畢業的那年推出了「藝術與生活」聯展，由汪勝光演《林沖夜奔》、我演《挑滑車》、胡陸蕙演《昭君出塞》（馬驪珠老師傳授），先在北區的大專院校藝術展辦了講座又演一輪後，才在國父紀念館推出。這是我和舞蹈結緣的時刻。

那時講座上還有北藝大的汪其楣教授，我示範《三岔口》、胡陸蕙演《昭君出塞》，那時候汪老師給我說了《三岔口》的摸黑，「你把自己關在非常黑的地方，你要摸東西，你要怎麼去摸？」這對我來說是很大的幫助，過去從來只有技術，老師怎麼做我怎麼演，現在我能領會情境，就跳脫出劇校的教法，向戲劇靠攏了。

之後臺灣大學英文系系主任胡耀恆教授，就找我去單獨演講，我很害怕，這是我第一次單獨演講，我只會唱戲怎麼找我演講呀？胡教授說：「你都聽過老林跟老汪講那麼多了，你應該差不多了。」我想說不行呀，胡教授說：「沒關係，你要是說不下去，你就做動作就好了。」於是我就硬著頭皮去講了，回憶過去跟著林懷民老師、汪其楣老師的演講，我所做的示範，就這麼連說帶做的，就這樣開始了我舉辦戲曲藝術講座的推廣之路。

這些舞蹈、戲劇、舞台劇、現代劇場演出和講座參與的經驗，都讓我從各方面加深自己的功力，會想著要怎麼把這些新的表演元素加到我的表演中，並累積了更多的人脈，透過推廣、記者會進行我本行京劇的宣傳，那些本來只看過我舞蹈、舞台劇演出的觀眾會說「啊！原來朱陸豪是演京劇的！」，就會進劇場來看我演京劇了。從看我們劇團的改革戲開始，之後又來看了我們的傳統戲，然後發現了屬於傳統戲的表演元素、愛上傳統戲的美，就這樣一步步地吸引新觀眾入場看戲。

問：您喜愛的崑曲劇目為何？您常演的崑曲劇目為何？

朱：我很喜歡《林沖夜奔》這齣戲，小時候學的時候，什麼都不懂，老師怎麼說我就怎麼演，依樣畫葫蘆的唱。進入陸光劇隊後，因緣際會認識了從美國普林斯頓大學到臺大客座的高友工教授，他很喜歡武生戲也很喜歡崑曲，所以那時候就來看我演戲又幫我照了很多相。後來認識了，他說「你

〈夜奔〉的每個唱段都唱得很好，但你知道每個唱段的意思嗎？」說實話我真不懂，高老師人真好，那時候給我從頭到尾每一段、每個典故都給我說了，跟說我每段唱的風景和人物心情間的關係，我才慢慢地懂得了林沖的心情，才不只是演唱崑曲和展現武功而已，之後愈演愈有感觸，對林沖那種悲劇人物的性格有更多的欣賞。而且武生的嗓子都不太好，大家其實很害怕演那樣要唱的戲。那時候上完聲樂課，嗓子真的比以前會運用，也因此敢挑戰崑版的〈夜奔〉，那可是一人到底的獨角戲，一個人在台上唱念做打一整齣，很吃工的，吃重的唱腔、繁重的身段，沒有一定的功力、崑曲底子不夠，是沒法演的。跟京版的《林沖夜奔》差得多了，京版的就把徐寧、梁山將都加進去，讓他不會那麼乾、那麼單調，林沖就可以下後台喝杯水稍做休息，比較沒那麼累，這是京劇後來改的，我學的時候也是這麼學的。但後來嗓子比較好了，就改回崑版的〈夜奔〉的演法了。不過，因為在京劇團演戲，演出還是要配合觀眾的喜好的，所以即使演崑版的〈夜奔〉，也不全然是崑劇的演法，在唱段的中間還加上了一些我演林沖夜奔的體會，比如過河，你就想像要怎麼過河，可能有樹林、可能會過橋，展現我的技巧好討好觀眾，這也是為什麼我喜歡〈夜奔〉的原因，因為當中我可以有許多發揮。我就想了下可以怎麼加工，不要太京劇也不要太崑曲，有現代劇場的感覺。當時也跟師兄師弟討論，也請教老師們要怎麼改，跟劇團、樂隊的討論，結合現代劇場的概念，再加上燈光的配合，又找了記者幫忙宣傳。當時的記者都很願意幫我們宣傳，比如民生報、中國時報、聯合報等都很幫忙推戲，只要你要推新戲，跟記者們說一下，他們都盡量幫你。

　　進入劇團後，劇團會找你開會希望你推什麼戲，考量到市場導向，所以劇目的演出和學習就跟在劇校時不一樣，唱一些比較市場導向的戲，但真正屬於藝術性的崑曲就唱得比較少了。但像《挑滑車》這種武生的基本戲，又是最賣座的戲，作表精彩，觀眾愛看，所以還是有機會演的，《林沖夜奔》也是。不過也不是演全齣的《挑滑車》就是了，這可是工業社會，不能再像過去連演個五小時，照舊演是沒有觀眾坐得下去的，一開始就要把精華給觀眾看。考量到觀眾的需求，我們刪去了零碎的場次，但主角戲是一點也沒動，因此沒有一定的功底，真吃不下這兩三小時的戲。

　　當時臺灣的劇隊在國軍英雄館演戲是輪的，有陸、海、空、勤、豫劇、復興這些團，差不多每四十五天輪一次公演、一次演十天，在我是當家武生的時候，十天頂上八天，每天的戲都不一樣，所以我們有機會去學習、去磨練、去公演。

問：請問您在京崑的學習中，認為崑曲與京劇有什麼不同？在表演講求上有何不同？您認為京劇演員在學習及演出崑曲的挑戰為何？

朱：我們武生平時是不吊嗓的，所以我不太上京胡吊嗓子，一旦上了胡琴就緊張，剛開始還西皮、二黃分不清楚。京劇根本也沒什麼動作，就站在那邊唱。

　　我學崑曲的時候覺得崑曲真的很嚴謹，呼吸、眼神、舉手投足、手眼身法步的配合、唱，全都是有規範的，老師十分要求，一定得字、腔、動作都到位，必須得反覆練習直至精準，才算是學好了這齣戲。這讓我深刻了解到崑曲載歌載舞的特性，哪個句、哪個點，你要做到什麼地方，你的身段要做到哪裡、哪一腿要踢到哪裡、跟哪個字哪個腔搭配，是非常非常嚴格的。所以我們學崑曲戲，基本上都是按照那個曲和身段的要求，一定要做到那樣子，所以一定會反覆不斷地練習。就是要這樣精準，對我們之後學戲有很大的幫助，比如鑼鼓點我們都會運用在我們其他的戲上面。

　　另外，我認為京劇的節奏很快，崑曲則很典雅、文藻華麗又美、腳步很慢，同時又能疏緩腦部神經，意境很深，而且演出是愈來愈有體會。而且崑曲是很美的，老實說我從劇校畢業後去當兵時，覺得人生很徬徨，本想就這樣脫離這行去拍電影，但就在那時看了新象辦的崑曲，請了徐姐徐露演《牡丹亭》，看了徐姐的杜麗娘，水袖一擺，那種少女情懷連背影都看得出來，覺得好美。我就看徐姐的扮相、水袖、演唱時的表情，我才發現崑曲那麼美，因此我才決定要留下來不改行。這段故事我到現在都還沒機會跟徐姐說，她對我們來說可是大明星耶，她是旦角、我們是武生耶（靦腆貌）。我想，我在劇校受了那麼多年的辛苦，挨了打、流了血汗，結果我什麼都沒用到就改行了，而且我自己也對京劇很喜歡，也不曾為京劇奮鬥過，就這麼一念之間，我就繼續走上了京劇演員的路。

問：請問您在哪些地方教戲？

朱：民國七十二年（西元 1983 年）時，北藝大舞蹈系成立，林懷民老師找了我去教「武功」課，一直教到民國八十九年（西元 2000 年）才放下教鞭。

同時也在雲門舞集教舞者們武功，從第一代開始，教旋子、飛腳、鷂子翻身等，都要教會。也在臺藝大、中正高中、華崗藝校、文大、竹北高中、臺中臺體這些林懷民老師負責授課的學校的舞蹈系教學。

我比較喜歡教舞蹈系，我自己比較不喜歡教京劇的學生。因為學武生難，要把武生唱好更難，不單單是武功好而已，還要會唱、會表演。加上現在又不能打也不能罵，都用吼的。這個時代和這個環境已經沒辦法教出好學生，除非那個學生他願意，現在的學生都不願意呀，因為太辛苦了，要犧牲很多玩樂的時間，現在的學生怎麼可能。所以基本上，我不教劇校，二三十年來我都教舞蹈系。

附錄九：張化宇訪談稿

張化宇，復興劇校第八期「化」字輩，工武丑，吳德貴老師開蒙，拜張春華爲師。擅演猴戲，有「美猴王」之美稱。畢業於國立臺灣藝術大學戲劇學系中國戲劇組（國立藝專）、佛光大學人文藝術學研究所，曾任職於臺灣戲曲學院京劇團、中華國劇團，現爲國立臺灣戲曲學院高中部專任教師暨兼任助理教授。參與「崑曲傳習計畫」第六屆，師從成志雄。

訪談時間：西元 2013 年 12 月 26 日上午 10:00

訪談地點：內湖戲曲學院戲曲樓五樓教師辦公室

問：開蒙戲爲何戲？

張：由北京中華戲校出身的吳德貴教《二龍山》開蒙，但目前已不上演，武生、武丑都一起練功。坐科期間學的戲不多，畢業公演演出《時遷偷雞》，其他大部分都搭演猴戲如《搖錢樹》、《金錢豹》。在臺灣，武丑老師少，吳德貴老師走了之後就剩下大鵬有，但那時候沒那麼勤勞跑去學就是了，戲份也不重，所以學了很多文丑戲，直到拜張春華爲師後，才學習了比較多武丑劇目。但事實上，眞正單齣都是武丑的獨角戲，少搭配的戲，頂多是《白水灘》的抓地虎、《挑滑車》的軟錘，不過都是翻翻，是小配角。文丑的主戲少，但配的戲多，不過又多又碎，不像武丑有主戲。事實上分科的時候，我個人覺得，應該要文丑、武丑一起學，能唱武丑的人一定能唱文丑，不過文丑的口白具滑稽性，文武丑兼學就可以訓練你的口白，我覺得兩樣併進比較好。可是這些小孩子不懂，但你看像孫正陽老師就是一個很好的例子，以前工武丑，但文武丑兼學，年紀稍長之後就可以工文丑了。

問：請問您什麼時候開始接觸崑曲？是否參與崑曲傳習計畫？目的為何？

張： 錯過了成為第四期傳習計畫學員的機會，我很想跟慕名已久的劉異龍老師學戲，好像教的是《孽海記‧下山》，記得劉稀榮和陳利昌都去學。但不是學員就不能參加，我覺得超可惜，所以我第五期開放報名時就趕緊入團。那時跟上崑的成志雄老師學了《孽海記‧下山》，老師的婆子戲演得很好，像是他的《武松與潘金蓮》的丑婆子。成志雄老師那時住戲曲學院的內湖校區，可以就近請教老師，記得那時劉稀榮也來學《紅梨記‧醉皂》，因為這種戲要練蘇白，我比較沒辦法，就沒學。老師那時候在臺灣的時間不長，而且老師年紀也大了，所以我們在上課前會先找老師的錄音聽，等到要教唱的時候我已經會唱了，上課時就以動作為主，唱腔上就沒跟老師一個字、一個字地學。我想是我們是成熟演員的關係，老師主要講戲中的身段要怎麼拉，就沒特別說咬字，那時候的目的是把戲學下來，唱腔、說白那些就不是重點。我個人沒有特別說蘇白，以京劇的韻白方式呈現，唱的話我聽劉異龍老師唱有小生的感覺，帶點小嗓，但是很好聽，不會讓人覺得很不安。那時候學完後，就在復興劇場的定期公演（2000 年 5 月 27 日）演過，有特別請字幕打出老師的介紹。

　　我其實比較少學文丑的戲，崑曲也是，但是有機會就去學，可以豐富自己的劇目。然後現在因為不上台了，學戲的動力就比較小，教學的話因為每年的學生都不一樣，即使身上有那麼多戲也沒用，也有規定的劇目要教，所以就比較不要求自己要進步了。

問：請問您崑曲學過哪些劇目？如何決定學習的劇目？本身的行當與崑曲劇目學習的行當是否有關聯或影響？向哪些老師學習哪些戲？學習的心得為何？

張： 我學過的戲都比較偏北崑，像我唱過《安天會‧偷桃盜丹》嗩吶高腔，跟張春華老師學過《盜甲》、京版的《秋江》、京版的《借扇》和〈擋馬〉，其中〈擋馬〉的旦角唱崑曲。猴戲跟白雲明老師學過《水濂洞》，那時候好像是朱陸豪邀他來的，我們校長就邀他來學校教戲。

　　張春華老師的《秋江》版本是以陳妙常和稍翁的戲並重，並不像崑版的艄翁戲份比較輕，跟郭勝芳合演過，近期也跟黃宇琳唱過，是辜懷群邀我去新舞臺開臺典禮唱，大概二十分鐘左右，那次就比較成熟一點。我看過所有的版本就是笛子的版本演得最好，那時候沈建瑾在國父紀念館演，

那麼大的台，他們兩個人卻一點都不顯得小，他們唱得是西皮二黃胡琴的版本。雖然有西皮二黃，但後來我覺得《秋江》還是要笛子好聽，用笛子表現，這樣才有水面上的感覺。沈建瑾演得〈百花贈劍〉很好看。

　　我也學過崑腔戲《昭君出塞》，裡面的動作，腳一抬起來，那是武丑才做得到的！要有武丑的功底才能踢到那樣，有些文丑的腿就沒那麼好。你看到的台視國劇的版本，已經是四十多歲演的，翻得沒那麼好了。其中的王龍是方巾丑，動作非常繁複；馬伕不一定要丑角，只要翻得好，所以武生、武丑等都可以演，但他要有武花臉的樣子，你今天演馬伕，（配合動作）山膀要拉得高於肩膀，低於肩膀是我們丑角、平肩是武生、高肩是淨角，這戲是孫正陽老師和顧正秋老師的版本，也就是大鵬徐露的版本。這戲尚派的也唱，但我比較欣賞谷好好的崑版。

問：請問您在復興在校期間所受之教育為？

張：我坐科的時候，也學文丑的戲，都有學過的印象，只是現在不演了就忘了。我覺得戲如果沒流傳下來，就是戲的架構需要再修改，像上次國光劇團的小丑報到演了很多丑角戲，把很多小折子戲精緻化，很不錯。

問：請問您是否教崑曲？對象為何？教過哪些劇目？

張：我是戲曲學院客家戲高中部的專任老師、大學部的兼任老師，因為本身是京劇演員，所以不特別教崑曲，是學生有需要我們就教。主要教武丑，〈下山〉是順帶教的，因為〈下山〉的身段柔軟，所以我會建議學武丑的要學〈下山〉。

　　我在戲曲學院客家戲的大學部兼課，這學期教崑劇〈下山〉，不過這齣戲不太好改成客家戲，像我之前教〈借扇〉，他們就把他改得完全客家戲，這次我就跟他們溝通說就學崑版的，〈盜甲〉則是已把念白改了、唱還沒客家戲化。我先把〈下山〉裡面的動作一段一段拿出來教，比如水袖的動作，之後給他們劇本教唱曲，再來教韻白，教的時候我也不會光單教唱，因為我覺得學生也會覺得無聊，所以就會邊唱邊拉身上，那做得差不多了唱得也就熟了。找我教〈下山〉主要的用意是讓學生的身段漂亮點，唱念講國語，目的是把這齣戲的丑角身段（像水袖）拿下來。其實會教這齣戲的原因是在客家系剛創立的時候，我教過丑角小孩〈下山〉，他們後來覺得學過〈下山〉的小孩，身上比較漂亮，就希望我再給他們說一說。因為客家戲的動作比較屬於民俗的舞蹈腳步，如果穿插戲曲給他們雕塑，

他們覺得這樣很好。而且很多京劇演員，現在也改唱客家戲，都是一線演員，不過這些演員本身都是客家人。

我們戲曲學院京劇科有一個小孩，今年就要畢業了，也滿乖的，我就主動問他是不是想學〈下山〉，他也滿有興趣的，我就自己個別找時間來給他說一說，但時間上比較不好喬，得中午時間上，目前只上了一次。學生願意學，我也覺得不容易，就給他說一說。

問：請問您教學的心得。

張：教〈下山〉戲的時候，前面要慢，不能那麼快就放過，爲的是要定型，後面就快得起來了，如果一直都很快，就沒有雕到成型，學生學到後面前面也就都忘了，後來可能變重來一遍，因爲前面不好，後面也不會，反而學得更慢。

就像小時候學戲，對老師的印象就是「再來」、「再來」，看都沒看就「再來」，那個「再來」的意義就是要你做，我們就這樣磨出來的。在民國七十年起，剛當老師的時候因爲還是個演員，覺得要做給學生看，其實不太懂那個「再來」，「再來」的都是我們老師，一遍又一遍的示範但學生始終沒吸收進去，只把它當做看表演，事實上應該相反，應該要讓學生反覆不斷地做，除非真的不行，才做一遍給他看，但比例上是學生十遍老師一遍，他做三四次我講一次，剛開始不懂做了十幾遍，學生都沒進步，應該要反過來學生才會進步。當了老師這麼多年後就愈來愈能理解以前老師爲什麼這樣磨我們，只是現在的學生沒有這樣的耐性一直重複，不過我覺得這是必要的，要雕到好不容易呀。

現在當了老師之後，也覺得自己現在的舞台藝術比以前進步，因爲要教學生，細膩度就更進步了，我得把動作做得很清楚、講得很詳細，教學相長，台上的動作是很快的，即使沒做到位也就是過了，但教學生就得知道爲什麼學生這邊做錯了，爲什麼，所以精準度就更高了。而且我們提醒學生的時候，就發現我們對他的要求好像自己也沒有做到，所以我對戲的體悟就愈完整、規整、精緻了，只是就不再有機會上台呈現了。「教」真的是個關鍵，因爲「教」你得先說服得了自己，你當然也可以騙學生，那要是交代不過去，就會自己回去研究，會把模糊的地方弄清楚。

你要先「定位」，不能今天教這樣、明天教那樣，學生會搞不清楚，不過還是可以有變化，有些動作我覺得你做好看，我也不會逼你要跟我一

模一樣。像我以前學戲，有些動作我在練習很多次之後發現我做不來，就會試著問老師有沒有其他的變通方式，在不更動意思的狀況下改成適合我的動作，畢竟動作都是前人想像組合出來的嘛。但切忌添油加醋，你現在若是急須下台的狀況，很俐落地做完動作就該下台，可是可能那時候技巧很好，就做了些花俏的動作叫到了好，可是這樣是很噁心的，因為就跟劇情不符，那整齣戲看下來就是個疙瘩。所以為什麼戲要經過大師一直雕？就是要這樣陸續一直雕、經過千錘百鍊，才能成為一齣好戲。

問：請問您拜師後學了哪些戲？

張：張春華老師認為要學《盜甲》和《打瓜園》，這兩齣都是武丑戲中比較難的戲，一般武丑戲大部分還容易上手，但這兩齣戲一定要拜師學。張春華老師看了很多人的版本都覺得不喜歡，看了我們武丑的祖師爺葉盛章的《盜甲》後，覺得身段真漂亮，雖已成角，與以武丑挑班的葉盛章在舞台上各佔一席之地，仍慕名拜師，向葉盛章學這兩齣難度較高、需要老師指點的戲。

　　《盜甲》、《借扇》由張春華老師說了重要的場次，但因為時間的關係沒全部學完，當我的師兄弟張少華老師來臺的時候，張春華老師特別交代他幫我把戲整理一下。我看過崑版的〈借扇〉，動作繁複，是不同的路子，要邊唱邊做，我學的京版是上胡琴的，唱也沒那麼多。

問：請問您在京崑的學習中，認為崑曲與京劇有什麼不同？在表演講求上有何不同？您認為京劇演員在學習及演出崑曲的挑戰為何？

張：因為崑劇的丑角要說地方白，難度高，畢竟是另一種語言，而且這語言還要精鍊，要講出它的趣味、韻味、速度、軟硬度，這跟一般講話不一樣，所以它難度比較高一點。因為念白是口齒間的東西，蘇白又比較軟，很難講，講不好就覺得很硬。學地方白的戲只能硬記，我看劉稀榮那時就拿著錄音帶和紙筆，用各種方法比如注音符號把音寫出來，得花時間練習，浸淫在其中久了就會了。但像我現在在客家戲學系教，一開始是他們老師教唱唸，像這樣常聽常聽，就進去了，時間久了，就會念得比較自然了，現在教授的劇目我大概可以念個八成。但我們的專業是京劇，常是照京的念白，崑的念白較軟。我是學武丑的，比較習慣動作多的戲，因此武戲比較上手；較不在行文戲，文謅謅的。

　　不過我在學習《打瓜園》時學了山西話，但這是齣京劇，京劇又是我

的專業，《打瓜園》又是京劇的重要劇目，所以還是硬著頭皮把它學起來。這戲難得地方還在於陶洪他是七八十歲的老先生，而且他是殘廢，所以你不能有任何不殘的動作，任何動作都要走在殘裡頭，其中有套殘疾拳法也要特別注意。

我覺得京丑身段沒崑丑那麼繁複。京丑比較著重故事內容，講些逗趣的哏，身上比較生活化，他可以不用做那麼多，只要讓口白精準讓人覺得好笑，就達到他的目的了，但也有些戲的身段動作也很繁複，分戲來看。崑丑的身段是舞蹈化，他著重的是「畫面」，成志雄老師、張銘榮老師、張寄蝶老師都曾說過：「我們每個動作，出來都是一個拍照的畫面。在念詞的時候，一定點，一定都是可以拍照的，隨時隨地拍都不是難看的。」動作是要擺得很漂亮、身上是要很圓整的。

我覺得任何藝術都是相通的，像你練書法的時候你能靜下來，你對細的細膩部分就不會那麼浮躁，該慢的地方你可以慢的下來，我個人覺得你腦子會變得比較清晰，對於著磨細膩的東西是有幫助的。戲就是要：細、細、細…。當然也能增加美感，都有關聯的。我覺得就能靜下心來想一些戲曲裡的東西，這就很大的不容易了，近兩三年來比較騰出時間來每天寫個兩三小時。我主要是喜歡看字，練字可以幫助我看更細微處。

附錄十：楊利娟訪談稿

　　楊利娟，小陸光第四期「利」字輩，工花旦。畢業於國立臺灣藝術大學戲劇學系中國戲劇組（原國立藝專），曾任職於陸光國劇隊、臺灣戲曲學院京劇團，現為臺灣崑劇團團員、臺灣戲曲學院講師。參與「崑曲傳習計畫」第五六屆，師從張繼青、梁谷音等名家。

　　時間：西元 2013 年 12 月 26 日下午 14：00
　　地點：內湖戲曲學院圖書館

問：開蒙戲為何戲？

楊：我們那時候旦角組老師有教花旦的劉鳴寶老師、教青衣的秦慧芬老師、後期來教的李玉蓉老師、四小名旦之一後來赴美的白玉薇老師、教荀派的馬述賢老師。劉鳴寶老師教《拾玉鐲》、秦慧芬老師教「王八齣」的《花園贈金》、《彩樓配》，這些開蒙戲是以一齣唱功、一齣做功搭配著學的，是同時學的。後期我們以全本大戲為主，秦慧芬老師教了《金山寺》、《武昭關》，馬述賢老師教《勘玉釧》、《紅樓二尤》。後來在三軍競賽戲的時候我唱過《斷橋》、《昭君出塞》（顧正秋、吳劍虹老師的路子），《昭君出塞》是吳劍虹老師教的，昭君、馬伕、王龍都由吳劍虹老師教，是在午休時間學戲的，印象特別深刻。

問：請問您在陸光在校期間所受之教育對您學習崑曲的幫助？

楊：我們是小四進劇校，學科一直讀到高三畢業，經過了九年坐科及一年的實習，方才出科。術科的話是天天練三功——毯子功、把子功、基本功，下午分科，三功是必備，為了讓我們能文武兼備。之後再看個人條件分科。

在坐科期間，我們並未學崑曲，其實現在回想，像《金山寺》、《昭君出塞》和《扈家莊》這些曲牌體的戲，跟崑曲也滿有關聯的。

學崑曲的時候，如果不像我們經過了紮實的基本功訓練，那就要重頭來，對我們來說，是駕輕就熟的。只是唱腔比較不同。我覺得在劇校的三科訓練及分科教學，讓我們在傳習計畫時，學身段時就學得很快，只是劇校都口傳心授，只能靠自己死記死背，就比曲友慢得多。

我覺得既然我們說要「文武崑亂不擋」，那你就必須文武兼備，你不可能一輩子都唱柳夢梅。我覺得劇校的三功訓練很重要。

問：請問您什麼時候開始接觸崑曲？

楊：我在藝專時上過徐炎之老師的課，那是我最初接觸崑曲的契機。那時只有徐炎之老師教，我們沒別的機會接觸，直到崑曲傳習計畫，才有機會遇到大陸的崑曲演員，才開始大量學習崑曲。

問：請問您崑曲學過哪些劇目？如何決定學習的劇目？向哪些老師學習哪些戲？請問您的學習心得。您喜愛的崑曲劇目為何？您常演的崑曲劇目為何？您演來得心應手的角色為何人？

楊：崑曲學了不少戲，在傳習計畫時跟王英姿老師學了〈斷橋〉、〈下山〉，〈斷橋〉的小生由王泰祺老師教，〈下山〉的丑由成志雄老師教，一齣學完後再學一齣。跟張繼青老師學了《牡丹亭·寫真、離魂》，跟沈世華老師學《孽海記·思凡》，跟唐蘊蘭老師學《牡丹亭·學堂》，跟張洵澎老師學《販馬記·寫狀》，跟計鎮華老師、梁谷音老師學《爛柯山·癡夢、潑水》（接續了第四期教的〈前逼後逼〉），跟龔世葵老師學《獅吼記·跪池》、全本《風箏誤》。後來也跟周雪雯老師學《獅吼記·跪池》、《玉簪記·琴挑》，跟張毓文老師學了〈百花贈劍〉外，還學了水袖版的《爛柯山·癡夢》，只是這齣戲後來沒唱，不過戲就是這樣，戲如果學了不唱就會忘。

像我之前演《西廂記·佳期》，是看梁谷音老師的錄像，照梁老師的路子演的，沒有人教，就看著錄影帶自己把這齣戲學會的。後來台崑請了樂漪萍老師來教這戲，才有機會把〈佳期〉從頭縷了一遍，我這才發現原來汗巾有這麼多的拿法，在京劇汗巾是沒什麼功能的，頂多就撢一撢，你很少看到京劇演員挾著汗巾在做戲的，我是學了這戲後才知道原來汗巾有這麼多變化。

　　能跟這麼多老師學到這麼多身訓，從水袖、汗巾（如〈佳期〉）、團摺扇（如〈遊園〉）、雲帚（如〈思凡〉、〈琴挑〉）等，我覺得很好，我現在學崑曲已經不是爲了演出了，因爲我也沒有劇團能幫我推戲，我現在學戲是爲了教學，希望能把崑曲美的地方、我得到很多益處的地方，都能在我教戲曲學院學生基本功時，能給他們說說。我的目標很明確，就是看自己有哪些不足之處，我就去學，然後透過基本功或以戲帶功的方式教學來打基礎，我覺得這是對戲曲有熱忱的我們未來必定走向的道路。再好的演員也不可能永遠站在舞台上，觀眾都喜歡新鮮，而且舞台是很現實的，當你的扮相、嗓子等條件不如以往，你就只能演出你的經驗，那是很殘忍的。目前學戲的目的就是爲了教學，學戲如果沒有目的那只會愈學愈沒勁。

　　我現在覺得，能跟老師學到某一小段的做表，對我個人來說就很棒了。能夠很準確、明確地跟孩子說明如何表演，如何叫表演，不是那種很表面的。我曾經跟李喜紅老師學過尚派的《昭君出塞》，我們得要把每個老師模仿到位，老師就說：「剛開始可以模仿，可是模仿到最後，你要有你自己個人的特色，因爲每個人都是不同的，每個人的身形、表演、嗓音都不同，你如果把老師模仿到相似度有百分之九十九像，但沒有自己的個人特色，那你就是棒槌。」你把老師的東西學過來後，你要青出於藍而更勝於藍，你才是個好演員。

　　像我第一次看〈南浦〉，我就覺得怎麼這麼難看？要走就快走，在那邊送半天，又沒什麼動作，就光唱，我那時候就覺得超難看的、都要坐不住了，我那時候就是注重身段要美、唱段要好聽，我進不到人物的內心，我不探討故事也不想了解人物，就覺得好難看，現在再回來看，因爲懂了，就覺得那時候太粗淺了。因爲京劇比較誇張，情緒比較大，崑曲比較有內斂的東西。我覺得表演應該是要這樣子，你悲，是要讓觀眾哭得淅瀝嘩啦，而不是自己哭得淅瀝嘩啦，觀眾卻沒感覺。戲是要演到你讓觀眾進入你的角色，是感同身受的，演到讓觀眾跟著你悲、跟著你喜的，而不是你哭得淅瀝嘩啦、你笑得很燦爛，觀眾卻沒感覺這是不行的。爲什麼有人說哀莫大於心死？當一個人哭到最後眼睛是沒有眼淚的時候，那個才是最大的悲呀！所以有時候覺得最難的東西就是最簡單的東西，要內斂呀！愈深度的東西才是大家最後在追求的東西，雖然很難，但這才是我們要做的。

問：本身的行當與崑曲劇目學習的行當是否有關聯或影響？

楊：我在京劇學的是花衫、花旦，所以我一開始選擇時也選擇比較貼近原本
　　行當的學，因此學貼旦的戲多，比如〈學堂〉、〈思凡〉那些，我也覺得比
　　較駕輕就熟。那時候說要學正旦、閨門旦的戲，就覺得比較沒有辦法，做
　　不來，基本上那時候洪老師他們也派我貼旦的戲，而且比我像閨門旦的人
　　多了，所以我也比較靠近梁谷音老師的路子走。在我從大陸回來後，我就
　　比較不只學貼旦的戲，因為我覺得崑曲的主要戲路還是在正旦、閨門旦上
　　面比較多，貼旦的戲就那麼幾折，一些老師、朋友也說我可以嘗試閨門旦
　　的路子，比如《紅梨記‧亭會》這樣的戲，就是我從貼旦跨足到閨門旦戲
　　的轉折。

問：參與崑曲傳習計畫的契機？崑曲傳習計畫期間向哪些老師學了哪些戲？

楊：因為崑曲傳習計畫在臺灣推廣崑曲，但在前三屆的教學後，洪老師和曾
　　老師覺得如果崑曲只停留在給曲友拍曲，那是無法在臺灣繼續傳承下去
　　的。所以後來就找了專業演員來學，我們那時復興京劇團鍾傳幸團長就問
　　了大家的意思，因為大家都有家務所以並不是全部的人都去學，那時就唐
　　瑞蘭、趙揚強、郭勝芳三個人去學崑曲，好像陳美蘭也是那一期的，那一
　　年我就沒參加。記得他們那期請來了王奉梅老師、張繼青老師、張洵澎老
　　師、計鎮華老師和梁谷音老師，張洵澎老師教了〈百花贈劍〉，計鎮華老
　　師教了〈前逼後逼〉。那時候她們學完後，給她們辦了個成果發表，我去
　　看，嚇了好大一跳，因為他們的表演技巧進步好大，才短短一屆，就讓我
　　刮目相看，怎麼這三個人的表演讓我一下地眼睛就為之一亮，我就想說是
　　學崑曲的關係嗎？所以我隔年就去參加第五屆，也學崑曲了。就參加了後
　　兩期的崑曲傳習計畫。

　　　　在崑曲傳習計畫時，因為我們演員一向是口傳心授，不像曲友們都能
　　識譜，所以我們學唱就比他們慢得多，學做的時候，我們演員有身上，所
　　以學的比曲友快，因此我加入的那年，就把大陸老師教課分曲友班和演員
　　班了。後來我們才慢慢地學著看工尺譜，才從不識譜的狀況變成能讀工尺
　　譜了，因為下過功夫，比起其他團員來說我識譜就比較快了。

問：請問您對於崑曲傳習計畫的看法。

楊：我覺得我們這一輩的人很幸運，當年有崑曲傳習計畫栽培我們，把大陸
　　老師請過來教戲，是很難得的機會。現在沒有崑曲傳習計畫了，我們演員

是有工作的，團方怎麼可能讓你自己跑去大陸學戲，是有工作要完成的。我覺得我們很幸運能跟這麼多老師，都是跟一等的老師學戲。我認為學崑曲這件事對我們的表演來說幫助是非常大的，

問：請問您對於兩岸演員演戲的看法。

楊：我覺得臺灣演員不用妄自菲薄，我們也不差，唯一不同的是我們的機會比較少。打個比方，在中國大陸一齣戲我可以跑遍全國演出，那就不下百場，那這齣戲我也成精了，可是在臺灣沒辦法，劇場不夠、錢也不夠。臺灣的演員辛苦的地方在於：他要一直有新的戲拿出來演，要一齣戲拿出來我們演個百遍那是不可能的，所以在這塊面上我們就比大陸差了一截，資源是不同的。我覺得國光、復興的中青代演員都是好演員，只是沒有很好的環境，我並不覺得我們很差，是環境條件的不俱足，但這也沒辦法，只能靠自己。

問：請問您對臺灣京劇演員學崑曲的看法。

楊：我們臺灣京劇演員自小學戲就不太有機會學習崑曲，所以我在傳習計畫時接觸到這些優秀的老師時，我還不懂要怎麼看、怎麼學崑曲，哪個地方要學老師的、哪個地方我要怎麼演。老師的表演這麼好，可是我看不懂，我不知道要從哪裡學起，我也不知道好在哪裡，我沒得比較。

臺灣京劇演員學崑曲跟大陸崑曲演員學戲不同的一點就是，我們沒有一個專業的老師時刻在旁邊給我們提點，不像大陸演員都可以就近請問老師，我們都要等大陸老師來了才能問，可是往往老師一來你也忘了有什麼問題。我們不是遇到瓶頸時，就可以馬上問老師、馬上得到解答，碰到問題的當下沒辦法馬上解決，太遠了，電話上也說不清楚，得等到老師有空來的時候才能請教。雖然有些人會說這是藉口，可是我們也得要生活，當樂趣和生活畫上等號那是最理想的，可是當沒有的時候，是不是就得要向現實低頭？這真的是很難的。

問：請問您對自己職業的看法。

楊：老實說你要表演琴棋書畫，你如果沒有那樣的底子，你也不像個讀書人，你怎麼能演得讓人心服口服？你再怎麼做就是做不出人家那種氣質，氣質是演不出來的。你看那些大陸演員，像我這次去浙崑排《范蠡與西施》，就看到楊崑在空閒時間學國畫，所以她拿起畫筆來是很生活習慣性的動

作，是自如的，是在做她平常做的事，她不用「演」。所以人家都說戲要融入生活，你演起來才是自然的。這都是生活的歷練，經歷過生老病死，你才能體會，當那個點觸動到你的時候，你的情感就能很自然地被激盪出來。戲就是在演故事，戲就是在傳達，戲就是在演生活百態，所以它很難，七情六慾它有這麼好傳達嗎？所以敏芳（編按：郭勝芳本名）說過：「你演過了這麼多不同的人生，你『懂』了嗎？」

對很多人來說，舞台上的魅力很大，讓人不想從角色中抽離。聽到掌聲真的很欣慰，覺得一切努力都值得了。但對我來說，我個人比較享受排戲的過程，因為演戲就是那一天的事，掌聲也是一時的，不過，我會一直回想排戲的時光，那是很鮮明的記憶。我很享受這個過程，舞台上是剎那間的，是一下子的，舞台上你呈現的是你排練的成果，但我個人享受的是過程，因為我覺得排練的過程就是我進步的動力。每天就是練，因為知道不練就是會丟人，不怕輸人就怕丟人。

我看張靜嫻老師的書，看到她某次要演〈遊園〉，場面跟她說：「咳，老師您這戲，甭排了，台上見！」老師卻回答：「一個演員哪能不排戲直接台上見，很可能會有觀眾今天是第一次來看我的戲，我不能對不起台下的任何一個觀眾。」所以我就立志不說「台上見」，我得對觀眾負責，說「台上見」三個字的就是不敬業的演員。

我覺得我們演員就是「損」友、益友都要有，因為就是那些批評的聲音讓我們更進步，因為有他們的批評，讓我們知道哪裡還能改進，那就是要改進的地方。我也感謝那些隨時在我們身邊支持、鼓勵我們的那些人，他讓我們擁有動力，讓我們覺得：我們沒有不如別人。到現在就能了解沒有所謂的好人、壞人，再好的演員都有不喜歡你的觀眾。在學了崑曲後，在很多老師的身上學到了很多，對我們的表演上有很大的增進，能夠在角色、人物、劇藝各方面，要不停地磨練、要精益求精，才能夠感動人。你看岳美緹老師到現在的演出，都是那麼吸引人，我看她的演出，她沒有一刻一分一秒是鬆懈的，那有多難。看她的戲就能理解什麼是好演員，就是不斷地揣摩，像她跟張靜嫻老師合演的《玉簪記》，從以前演到現在，都在一些小地方改變，一直不斷有變化，透過一些不經意卻有效果的動作，讓人物更加立體。「沒有人物，就抓不住觀眾。」一定要有身歷其境之感，戲要融入生活，演起來才自然，必須透過生活的歷練，才有情感的激盪。

問：**請問您是否教崑曲？請問您對教戲的想法。**

楊：基本上我在戲校是教三功的，毯子功除外。我除了向雪雯老師請教外，也自己上網看對岸培訓演員的基礎教學，我常想說為什麼同樣一個動作，老師們做起來就這麼美、這麼好看，我們也是依樣畫葫蘆，可是卻做不到老師那樣好看，那肯定就是在身訓上打的基礎不正確、不夠，崑劇演員之所以演唱崑曲有味，就是他們從基本功、台步就跟我們不同，身韻很重要，就是基礎功沒那麼好。我學了崑曲學了十多年，最近跟雪雯老師學戲，跟老師說老師我不想學戲，你教我基本功、你教我手眼身法步，想從最初始的身段、身形學起，才能有崑的韻味。我目前沒有劇團，如果因緣際會有人找我去演出，那我就會去。眼下我就是把我從崑曲所學的教給學生，尤其是身韻這塊面，我覺得這對演員來說太重要了。我自己也是走這條路過來的，所以我知道如果要當一個演員，哪些面向是重要、有幫助的，所以我希望我能在這些方面給予學生們指導。因此我就會去探討：為什麼大陸老師教出來的學生能唱得這麼有味兒，就是基本功時就講得很清楚了，若能夠好好給學生說一說，他們就會收穫很多。打個比方說子午像，以前沒有老師給我們說什麼子午像，就是出去、手插腰，就是你的身體面對觀眾時你不是站直的，是說你的身形面對子時、午時，然後你的頭要再回來，這樣的話你是會有腰形的、有身形的，這如果一開始就跟學生講清楚了，他們之後站起來就是婀娜多姿的，就是好看的。

　　像這次樂漪萍老師來，老師有什麼水袖是我不會的就學，汗巾的拿法不會也學，看錄像帶學和老師在旁邊教是差很多的，當老師跟你說為什麼這麼用的時候你就知道了，當你在教學時，你就是清清楚楚的，不是懵懵懂懂的。能夠把張傳芳老師教給樂漪萍老師，樂漪萍老師再把它教給我的汗巾，如實地教給我的學生，那對我來說就是現階段最重要的事了。

　　同樣的，我們同一齣戲可能跟不同的老師學，那身為一個成熟的演員，我必須分清楚這幾種風格間的不同，然後再跟學生說。

問：**請問您參與哪些劇團的崑曲活動？**

楊：我參與過蘭庭、台崑的活動，他們請老師來教戲我都會去學。雖然我沒有團務，但我早上都要帶三功，有時候劇團的開課時間跟我自己的上課時間衝了，也只能在有空的時候去上，但如果都能配合到我的時間，有機會我就去學，一定不會放過。

問：**在您參與崑曲演出後，觀眾結構是否有所改變？**

楊：我覺得京劇需要有人培養觀眾，你看崑曲有白先勇的青春版《牡丹亭》，先不論別的，至少他帶動了年輕的觀眾進入劇場，吸引他們想探究崑曲的心，崑曲觀眾群的年齡層是滾動的。你要讓原本不是戲曲的觀眾進入劇場看戲，必得要下很大的功夫，用各個手段吸引觀眾，從他懂的故事去嘗試，讓他了解傳統戲的美。白老師把戲弄得很雅致，不會讓人覺得這是什麼老掉牙或可怕的劇種，反而讓人迷上也想一探究竟。

　　臺灣的戲曲觀眾很涇渭分明，比如大稻埕戲苑永遠就是歌仔戲的天下，他們演歌仔戲就滿座，我們演崑曲就小貓兩三隻，所以我希望能透過歌仔讓他們了解什麼叫「藝術」。就找了宋金龍的新潮樂集一起，辦了「當歌仔遇上崑曲」的演出，我致力將兩個劇種的表演串聯，透過〈遊園〉的新編做了嘗試，希望能拓展崑曲的觀眾群，讓這麼美好的藝術能有更多人欣賞。我覺得不同劇種可以兩下鍋，但不可突兀。我覺得在推廣戲曲時，就要能夠有更多的嘗試，可以有像崑曲及歌仔戲的結合，只是要把兩個的優點都突顯出來。

問：**學習的心得。**

楊：周雪雯老師教我們《玉簪記‧琴挑》「看這些花蔭月影」這句時，告訴我們：「眼得要先有景，做表才會出來，而不是沒有看到這個景，卻把做表做了出來，那就是你『做』出來的。景在你的跟前，它的四季給你的情緒帶來了不同的波動，看到景物後，去反想自己的心境，它也會受影響。」所以人物眼裡要先有景，才能生情，再來演，再來感受該如何傳達給觀眾，這就是演員要努力的，很難。這就是崑曲細緻的地方，要求人物的心境，跟過去唱京劇太不同了，首先眼睛要先看見景，再由景生情，就是沈斌說的：「無技不驚人，無情不動人。」不論唱、念、表演，一但缺乏了情，你就是無法感動人。跟著崑曲老師學戲，我覺得我們在表演上得到了很多。

問：**請問您在京崑的學習中，認為崑曲與京劇有什麼不同？在表演講求上有何不同？**

楊：崑曲從手眼身步法就跟京劇很不同，從風格、手法規範而成崑的架構，他對身體的要求和收放都有一定的標準，在舞台上的張力是崑曲比較能做得到的。這是在兩個架構下學不同的路子，崑曲的做講求身上，考慮了背景、年齡、心境，要掌握人物內心處，表演需有抑揚頓挫；過去演京劇，

只是依樣畫葫蘆，只要那天覺得嗓子很好、唱得很亮，就覺得今天唱得很棒，完全不探討人物，而不考慮抑揚頓挫。我覺得表演要能夠深入人物，他的出身背景、年齡、當時情境，才好掌握人物，學了崑曲後，才開始講究這些，才去想為什麼同一齣戲，每個老師的詮釋方法不同。在劇目上也有不同，京劇老是談忠孝節義，現在誰要談忠孝節義？你的愛情也不是這麼美，像崑曲有〈跪池〉這樣輕鬆的戲，讓人很能夠輕鬆地在劇場看戲。

　　崑曲很規範、講究、細緻，比如京劇要起唱，我們可能抖個水袖、起個叫頭就行，可是崑曲的話一招一式都有本，不能無端地做表。崑曲相較下就很有規範，打個比方來說，〈遊園〉可能有上崑、蘇崑等版本，京劇的唱有梅、尚、程、荀、張等流派，看個人的條件去歸派，崑曲的話就像剛剛提到的〈遊園〉雖分版本，可是那只是每個老師的風格、手法不同，基本上還是很規範的，不會「因人而異」。

問：您認為京劇演員在學習及演出崑曲的挑戰為何？

楊：京劇唱起來比較高昂，崑曲的唱較柔、較美，高低音階差別大，一開始時低音都唱不下去，對我們來說真的很難，很想要求老師改個調門，但這樣就不是崑曲了，只能勤練。沒有不二法門。

問：學了崑曲後的改變？

楊：接觸崑曲之後，在經過學、唱、演，我個人變得比較不那麼喜歡京劇了，因為我覺得武場太吵，現在跟以前的環境不同了，從過去的野台到現在的劇場，攏音效果好很多，不需要再那麼大聲，樂隊應該可以再改革，否則就有點像噪音，應該要朝向適合現在的劇場狀況的型制發展。好戲的定義是每齣戲拿出來單演都好，精緻、簡化是新趨勢，崑曲的劇碼就有這特色。

問：是什麼支撐您在本身的練功、上課外，又再參加外團演出，並配合學習新戲碼（僅論傳統折子戲）？

楊：我覺得戲曲這塊面，你一定要熱愛它，我就是太喜歡了，也不知道除此之外能幹什麼。但你看現在在舞台上的，不論是戲曲演員或是歌星等，都要朝全面性的發展，你如果不朝全面性發展，你就會被取代。而且現在劇場，不論是硬體設備像音響、燈光，或是戲曲本身像化妝，演員不能像以前一樣只專注在唱。時代在進步，戲曲也得走入新的一頁，雖然崑曲的文辭很難，但也促使了我們多看、多讀、多想，戲學得愈多，我們就覺得愈

不足，我學了崑曲十多年，卻覺得還只是半瓶醋而已。要很全面是很難的，時間就是這麼多。

問：獨角戲教學的選擇上，為何是〈思凡〉而不是〈尋夢〉？

楊：因為要打基礎的話，得教〈思凡〉，不能一下就教〈尋夢〉。雖然杜麗娘和色空兩個都是十幾歲的小姑娘，但心境上不同。〈尋夢〉這齣戲很有深度，你要初學戲的學生一下跳到杜麗娘那樣的心境很難，他很難演好，那種春情滿懷的感覺是很難演出來的；可是〈思凡〉就不同了，那是很好理解的，他只要把一個不願意出家、覺得很煩的少女演出來，身上是很靈活的、個性是很俏皮的，他比較好掌握。所以一開始得教〈思凡〉。

附錄十一：唐天瑞訪談稿

　　唐天瑞，復興劇校十九期「天」字輩，工青衣、刀馬旦，師從劉鳴寶、白傳鶯、畢正琳、王鳳雲、趙復芬、李喜鴻、劉琪、葉虹珠。畢業於中國文化大學戲劇系國劇組、佛光人文社會學院藝術學研究所，曾任臺師大國劇社指導老師，現爲臺灣戲曲學院京劇團旦角演員。參與「崑曲傳習計畫」藝生班第四～六屆，師從華文漪、王奉梅、張繼青、梁谷音、王英姿、吳繼靜、張洵澎、龔世葵、沈世華、蔡瑤銑、周雪雯、朱曉瑜、張毓文等名家，參與臺灣崑劇團、台北崑劇團演出。

　　　　訪談時間：西元 2013 年 12 月 26 日下午 17：30
　　　　訪談地點：內湖戲曲學院復興京劇團排練場

問：開蒙戲爲何戲？

唐：我們剛入學的時候，頭兩年（小五、小六）要練基本功，包含毯子功、把子功那些，國中後才分科學戲，我被分到青衣花旦組。青衣要練唱、花旦要練做和蹺功，國一、國二時也去武旦組練蹺功，那時候是岳春榮老師帶我們練。我的開蒙戲是鳴春社劉鳴寶老師的《五花洞》、《起解》和復興白傳鶯老師的《金玉奴》、《春秋配》。

問：請問您什麼時候開始接觸崑曲？

唐：我高中的時候到青衣組，主修的戲包含了崑曲戲，向王鳳雲老師學了《昭君出塞》，臺灣都是學顧正秋的版本，還有《花木蘭》中的從軍反串的部分。那時候學了簡單的吹腔戲，有些曲牌唱段，但那時候著重練嘴皮子、重「念」。

民國八十一年就讀文化大學時，那期間上了林逢源老師的崑曲理論課。那時跟華文漪老師學過《牡丹亭‧遊園驚夢》，因為她受新象邀請來演出《牡丹亭》，她平日跟蕭本耀老師兩個人來給復興音樂科第一屆的上課，假日又跟著老師去崑曲傳習計畫給曲友上課。

同時也學了些崑曲武戲，我大學的畢業公演是《戰金山》，也就是全本《梁紅玉》。我在學校的主修老師是王鳳雲老師，民國八十四年時，我跟北京戲曲學校的李喜鴻老師學過《戰金山》擂鼓這折，剛好那時復興開放兩岸師資交流，他是第二波來臺傳藝的老師，我知道他是尚小雲先生的嫡傳大弟子，剛好要唱，就厚臉皮問老師能不能跟他學。我覺得學戲要學的就是經驗，你要學的是源頭，機會很難得就跟老師學了。王鳳雲老師是大鵬徐露的路子，跟王老師打過招呼後就去學了。

也跟中國京劇院的劉琪老師學過宋派的《扈家莊》，第二齣是跟葉虹珠老師（葉盛蘭是她四伯）學過〈擋馬〉，大家都是武旦兼演小生，雖然這齣戲大家都學、都唱過，但是這齣戲葉盛蘭給他修過，你怎麼跟他比？他唱得太經典了，其他人就不碰了。

問：請問您在復興在校期間所受之教育為？是否與您學習崑曲有關？

唐：我升上高中的時候，徐炎之老師已卸下教鞭，崑曲課改由楊蓮英老師的丈夫白其龍老師教唱，那時學的是《春香鬧學》，只是是很短暫的一門課，上的次數不多。而且在學校的時候也常聽到老一輩的老師說四大名旦都學崑曲，聽到了這個觀念後，而且我是積極學戲的，自然對崑曲是很嚮往的，只是沒有師資可以學。

問：請問您參加崑曲傳習計畫的契機。

唐：那時候我已經跟大陸老師學過戲了，所以知道這樣的機會難得。鍾團長跟我們說有個跟大陸老師學崑曲的機會，剛好我那時候剛入團，年輕，很希望多學一點。我就跟著我們團裡的趙揚強強哥、郭勝芳郭姐一起，去參加崑曲傳習計畫了。

問：請問您崑曲學過哪些劇目？喜歡的崑曲劇目為？

唐：我自傳習計畫第四期起學崑曲到現在，這十多年來都沒停過。跟很多老師學過戲，跟王奉梅老師學《牡丹亭‧尋夢》、《療妒羹‧題曲》，跟梁谷音老師學《爛柯山‧逼休、癡夢、潑水》，跟王英姿老師學《雷峰塔‧斷橋》、《孽海記‧下山》，〈下山〉是配合成志雄老師的教學，跟吳繼靜老師

學《風箏誤》，這齣戲是教旦角單折整齣的版本，之後丑角老師陸陸續續來了之後，才把其他幾折給補上。

後來跟張洵澎老師學《百花記・百花贈劍》（小生由顧兆琳老師教）、《販馬記・寫狀》和《南柯記・瑤台》的唱，跟龔世葵老師學《漁家樂・藏舟》、《獅吼記・跪池》，跟張繼青老師學《牡丹亭・寫眞、離魂》，跟沈世華老師學《孽海記・思凡》、《玉簪記・琴挑》，跟蔡瑤銑老師學《玉簪記・琴挑》，跟周雪雯老師學《焚香記・陽告》、《幽閨記・拜月》、《琵琶記》（跟張世錚老師一起），跟朱曉瑜老師學《鐵冠圖・刺虎》，跟張毓文老師學《漁家樂・刺梁》、《荊釵記》。

在我學過的武戲中，我比較喜歡的是《扈家莊》和《昭君出塞》，因爲它不全然是武打技巧的展現，也有人物的情緒在，《戰金山》就比較表象。《扈家莊》有人物的不屑，在每一個動作中都透露出了「看不起你」，在打的過程中，還要演戲，這才是最難的；《昭君出塞》最難的是在一直動一直跑一邊唱的過程中，你還能看出他的情緒轉折。

問：如何決定學習及演出的劇目？向哪些老師學習哪些戲？您演來得心應手的角色爲何人？

唐：崑曲傳習計畫時，由老師自行決定授課內容，不論教什麼都是老師的拿手戲。在臺崑學的戲，是臺崑在討論年度推出戲碼後，看要在中央推什麼大戲，決定延請哪位大陸老師來臺教戲。像臺北崑也是，看他們年度的主題與訴求，自行想演員人選後，再來詢問演出意願，但演什麼版本決定權在我。有戲學我們就去學。

問：本身的行當與崑曲劇目學習的行當是否有關聯或影響？

唐：沒有關聯，我是青衣、刀馬，崑曲的花旦戲形象不像京劇的花旦形象這麼明顯，京劇花旦就花旦。像梁谷音老師的扮像就不很花旦，她不是純花旦的圓臉形象，她是瓜子臉，正旦、貼旦、閨門旦都唱，我覺得崑曲行當上要求沒那麼嚴格，除了閨門旦比較要求之外，我覺得要看演員本身。

在跟了這麼多大陸崑劇老師學戲後，也發現演員不一定要被自己的身高、外型、扮像影響，侷限了自己在舞台上表演的形象，以前會擔心，但看到梁谷音老師也唱花旦、張繼青老師也唱正旦，也不是一定要漂漂亮亮的才能唱閨門旦呀！你必須對自己舞台的造詣夠深，讓人家認定或肯定，那也就夠了。

問：京劇為您的專業，何時排練崑曲？

唐：我比較幸運的一點是我是復興京劇團的團員，我有排練場可以練習。舉例來說，我今天如果接到《昭君出塞》的演出，我並不像有些演員可能兩週前才練，我會一個月前就開始天天練，連假日也是，照早、午、晚每天練三次私功，我先練功再拉戲，每次都可以拉到兩遍，第一遍做、第二遍加上唱，而且為了不佔用排練場，我都是在九點上班前、午休及下班後，自己私下練習，因為我覺得不能耽誤到別人。如果我今天演出的空間就是要這麼大，我就是要找一個一比一的場地去適應演出的環境，這樣才有體力和身段準確度。為的是要求自己在舞台上有最好的呈現，我不想讓觀眾看到或聽到我念白、唱腔在喘，這不是一個專業演員可以有的表現，所有動作戲我都這樣要求自己。

　　像〈活捉〉也是比較技巧性的戲，我會先把我自己的戲先練好後，再想辦法把小花臉抓來，把他綁起來跟自己一起練（笑）。

問：請問您是否教學？

唐：我就是在大學代幾堂課，曾經有臺大崑曲社的學生來找我指導〈跪池〉。基本上我不教學，我認為我是名京劇演員，要走表演路線，因為教學傷嗓子。我就把我所有的時間、精力都放在練功及準備演出上，心無旁鶩的努力。

問：請問您參與哪些劇團或在哪些場合演出崑曲？常演出的劇目為何？

唐：我學的戲大部分都演出過，在臺崑的例行公演、復興劇場，或是臺崑的對外公演，此外只參加臺北崑。

　　上次臺北崑劇團的團長應平書，要演「四大美人」，找我去演《昭君出塞》的昭君，我自己從小學的是顧派（大鵬的版本），李喜鴻老師的是純尚派的路子，我希望演崑版，看表演的風格、演員的互動，就挑了上崑谷好好的路子，王龍是臧其亮、馬伕是何思佑，也成為經典搭配，此後只要演這齣戲都是這個組合。

　　〈思凡〉也常演，那時候跟沈世華老師學，不過演的還是偏上崑的路子，看了張洵澎老師在臺灣中央大學的演出（來教〈百花贈劍〉那年），梁谷音老師在傳習計畫藝生班時反而沒教過這齣戲。

問：在您參與崑曲演出後，觀衆結構是否有所改變？您常演的崑曲劇目爲何？對學戲的態度爲何？

唐：我覺得觀衆很固定，除了少數一兩個很喜歡看戲的，才會看其他劇種的戲，大部分只是習慣來復興劇場看戲。

在復興劇場演出，是演員自己向團方提劇目，演比較多的是《爛柯山》、《牡丹亭》和〈思凡〉。因爲《爛柯山》是很有挑戰的劇碼，我覺得跟趙揚強合演的默契很好，而且演完竟然可以感動在場的京劇觀衆，結束後起立叫好。還有一次救火演《牡丹亭》（張繼青版），因爲琴師臨時要開刀，就原班人馬換劇本演出。

我覺得要看怎麼演、你有沒有進去那個角色，並不是說我演得多好，這三個角色傳達給觀衆的情緒也好、態度也好，表現技巧層面都不一樣。這幾個戲都已經有前輩演員把戲詮釋得很棒了，我們演員當然要先會模仿，因爲他們的戲已經成爲經典，他們用他們的生命去把那個角色的某個點、某個氣口設定好。我們要先把他的詮釋百分之百學來後，再用自己的方法轉化成自己的風格，這跟模仿力、觀察力、接受力、控制力等等都有關係，跟肢體有關之外，也跟觀念和態度息息相關。看你是很隨便的還是很專精的，或是你是很講究的，我覺得崑曲屬於講究的。

問：請問您在京崑的學習中，認爲崑曲與京劇有什麼不同？在表演講求上有何不同？學習的心得爲何？對京劇的幫助？

唐：我覺得學了崑曲後，對我京劇的表演上變得比較細膩，從深度出發，京劇的表演還是比較表象，比如角色的情感方面。動作也比較細緻，不管是連續性或柔軟度也好，身段偏柔，剛的比較沒有，京劇文戲演員的動作屬性還是會有比較剛、比較有力度、比較脆的表現。我覺得崑曲的感情和身段比京劇都要表現得再柔和、更深入些，從你學到你轉換到演的過程中就可以體會。

其實我覺得老師都一樣，老師教、我們學，他教給你、你接收，只是崑曲的表現方式是從他的唱詞也好、動作的安排也好，是比較揉在一體的。學東西是一通百通的，我自己演京劇時，就可以把它拿過來用。只是表現的方式不一樣，崑曲像不像音樂劇？只是它唱的時候，比較多要跟著劇情還有人物的感情走，要把情緒擺進來，應該說它比較細膩、細緻跟深入，京劇還是比較淺層，同樣要表現悲淒，可是京劇只有表象，它沒有過

程，它沒有從上面（手指心）到這邊（手指胸）到這邊（手指喉嚨）到這邊（手指口），再把它吐出來的那種情感。

　　我覺得音樂型式是影響表演的最重要原因，崑曲的唱很長，要比一般的劇種要多出好多拍，演員就必須要想很多的表現手法、表情、情緒的轉換來填滿它的音樂。動作完全一模一樣，差別只在情緒。

　　同樣的，在京劇的表演中，有時會被要求比較講究，可是我覺得講究不是要求就能達到的，必須要學了「一、二、三、四、五、六、七」，然後等到要用的時候，再把「一、二、三、四、五、六、七」的經驗拿出來，我有表演方式的選擇，這都是觀念。不管什麼領域都說「活到老，學到老」，並沒有「我已經是成熟演員就可以不用學了」這種事，所以會希望能多學一點以成為自己未來演出的功底，可以把崑曲所學和京劇表演互相運用，讓我的表演風格和能力更全面。

問：獨角戲教學的選擇上，為何是〈思凡〉而不是〈尋夢〉？

唐：因為教學生要選大狀態屬性的戲教他，你不能把他先綁死了、先縮小了。譬如〈思凡〉的動作屬性比較大，而且舞台會跑滿，能加深學生的舞台方位、體能負荷，動作技巧也比較多。所以為什麼人家說「男怕〈夜奔〉，女怕〈思凡〉」？而且他是打根基的戲，他不會跟你說那是金字塔最頂尖的。可是它戲的層次很高，卻是放在最底下的，必須要把地基打穩，它必須要層次很高的演員來演這最基礎的戲，要層層地往上累積後再回來演這最基礎的戲，可是不能我完全沒有底就回來演這齣戲，不行。這兩齣戲（〈夜奔〉、〈思凡〉）都是打底的戲，你看把這兩齣戲演好的都是大咖，像侯永奎、侯少奎、裴艷玲，他們演紅了最基礎的戲，最簡單也是最難的，最簡單是因為他的動作、它的體力必須要結合，又要把它放大。是一輩子都可以鑽研的戲，如果小時候沒學過，長大後技藝比較精湛了，想要學但體力就沒那麼好了。

　　就一張白紙來說的學生，你一開始沒讓他伸展出去、發揮出去，如果一開始就學〈尋夢〉，那他就太靜、全收起來了，你想要叫他放他就放不了了，這是老老師跟我們說的。

　　比如你要教基本功，你一定要先教動態的再教靜態的，這樣他的動作才會協調。所以為什麼要先練基本功？如果你沒先練基本功就先去學戲再回來學基本功，怎麼可能？我必須把你的動作練好、放大，演出的杜麗娘和教學的杜麗娘動作就不同，所以要學個大的版本，再自己修成小的。

附錄十二：郭勝芳訪談稿

　　郭勝芳，小陸光第三期「勝」字輩，工梅派青衣，師從秦慧芬、馬述賢、劉鳴寶等老師，赴南京拜「南沈北梅（葆玖）」的梅派傳人沈小梅女士爲師，鑽研梅派藝術。畢業於國立臺灣藝術大學戲劇學系中國戲劇組（原國立藝專），曾任職於陸光國劇隊，現爲臺灣戲曲學院京劇團旦角演員。參與「崑曲傳習計畫」藝生班第四～六屆，師從張繼青、王奉梅、梁谷音、張洵澎、周雪雯、周志剛、朱曉瑜、張毓文、蔡瑤銑、龔世葵、沈世華、樂漪萍、王英姿等名家。參與臺灣崑劇團、蘭庭崑劇團、台北崑劇團演出。

　　京劇主演劇目：《宇宙峰》、《鳳還巢》、《貴妃醉酒》、《西施》、《韓玉娘》、《秦香蓮》、《廉錦楓》、《穆桂英掛帥》、《天女散花》、《雙官誥》、《二堂捨子》、《汾河灣》、《趙五娘》。

訪談時間：西元 2013 年 12 月 27 日上午 9：50
訪談地點：內湖戲曲學院復興京劇團演員休息室

問：在劇校最鮮明的回憶是？

郭：那時候犯錯都是打通堂的，所以特別地緊張，記得那時候有個練功老師張義鵬老師忒兇，他每次集合的時候我們都嚇得不行，我們以前都要繫腰帶，爲了要有精、氣、神，還要勒網子，要練你的頭功。他上課的時候都會來檢查看是不是鬆了，如果鬆了，馬上一槓子就打過來了！所以我們都繫得很緊，繫到都會發炎，結束的時候還會來看你的網子有沒有鬆，要是一抹就抹掉，他也是一頓打。所以那時候每個人都是很緊張的，壓力很大，所以我們常常中場的時候就趕緊地再繫緊一點。而且我有統計過，只要是他的課，病號特別多！現在回憶起來，老師對我還不錯。進班的頭兩年除

了春節可以回家一個禮拜外，是都得待在劇校的，不像現在一放一兩個月，回去功就沒了，但現在的體系是這樣。（無奈笑）那時候過完年回學校，大家都是一把鼻涕一把眼淚的，哭呀，想家呀。第三年可以在週末回家，但是要爸爸媽媽來接，可那時根本沒有高速公路，我的天呀要怎麼來接呀？要不然就是自己簽名自己回去？那也不行呀！所以我星期六、日就跟中南部的同學待在學校，包括現在在國光的朱勝麗、羅勝貞，老師或師哥、師姊們就會帶我們出去玩。

一起長大，九歲到十九歲，感情很好。像今年（民國一百零二年）是陸光五十年校慶，那種感覺是很特別的！我們第一期到第四期感情很好，後面就沒那麼熟了。我跟第一屆（陸字輩）差十年、跟第二屆（光字輩）差五年、跟第四屆（利字輩）差四年，我們是陸軍辦的劇校，沒有經費，不像復興可以年年招生，所以像第一屆跟我們差十歲，我入學的那年他們都出科了，他們去美國巡演，然後帶巧克力、可口可樂回來給我們吃，我記得好深刻唷！大師哥他們帶了好多回來，我們就好像瘋了一樣。你知道那個年頭看不到巧克力、看不到可口可樂的！很疼我們！可能那時候我們很小，很可愛吧。

問：開蒙戲為何戲？

郭：我們那時候進班兩到三年後才分科，因為要先把基本功練好，之後再依個人條件分行當，看你的個頭、臉蛋分，我那時候被分到旦角組也兼小生。我們那時候學號是按照個頭排的，我二十九號（全班三十人），最矮（呵呵笑）。旦角組有四位老師：秦慧芬老師、劉鳴寶老師、白玉薇老師、馬述賢老師，四個老師的課都要上。跟最久的是秦慧芬老師，學青衣，她青衣開蒙戲就是《花園贈金》、《彩樓配》，也就是王寶釧的「王八齣」。其實開蒙戲就是要認識戲曲，懂得怎麼唱、怎麼做。像教花旦的劉鳴寶老師的開蒙戲就是《打櫻桃》、《打麵缸》這些小花旦戲。我們那時候是都要學的，我們算青衣花旦組，等於四個老師的戲都要學。馬述賢老師是荀派的，跟她跟滿久的，因為她從第一期教到第四期，教了《紅娘》、《紅樓二尤》幾齣經典的荀派戲。

到了大一點，差不多國中的時候吧，就可以再細分行當，看是花旦或是青衣適合，不過不分派別，什麼派的戲都學，坐科的十年是這樣。

問：請問您在小陸光在校期間是否學過崑曲？

郭：我們那一輩的戲曲演員一直到現在戲曲學院的小朋友們，在劇校的時候是沒學過崑曲的，即使畢業了都沒接觸過。現在戲曲學院大學部的崑曲課是我在教。

問：請問您什麼時候開始接觸崑曲？學崑曲的目的為何？

郭：最早是民國七十二年的時候，我就讀國立藝專時，徐炎之老師有一堂崑曲課，但是他唱什麼我完全聽不懂，根本不知道崑曲有這麼美。可是現在回想起來真對老師大不敬了！應該好好學的，那時候不懂。這是我初初接觸崑曲的回憶。

　　此外，就直到民國八十六年參加崑曲傳習計畫時，才又接觸崑曲了。前三屆都是曲友，到第四屆時，洪老師和曾老師就覺得應該要讓京劇演員們來參與，也就是國光和復興。他們透過當時的團長鍾傳幸告訴我們有崑曲傳習計畫，問我們有沒有意願，那時候趙揚強、唐瑞蘭、我三個人就自願去上課。聽到請來大陸老師教戲時，是非常吸引我的。而且那時候很年輕，覺得怎麼學都不夠。在傳習計畫前，我就已透過李寶春老師去大陸拜有「南（京）沈北（京）梅」之稱梅派的沈小梅老師為師，鑽研梅派，老師對我來說就像媽媽一樣，很疼我也疼我的先生。想說如果有大陸老師來教崑曲，那我願意學，所以就報名參加了。那時一週上課兩三次，晚上七點開始，猶記得那時候劇團五點下班，要接了小孩（一個三歲、一個一歲半）到木柵大師哥家請師嫂「臨托」兩小時，我能給的也不多，就用了當時補助演員學戲的五千元，再到木柵上課，上完課再接小孩回家。那時候都是開車通勤，還年輕，也就還好。那時候一個想法就是我一定要學崑曲！雖然辛苦，但是很值得。昨天你們楊（莉娟）（編按：楊利娟本名）老師跟我講，我們學崑曲一晃眼十七年了，時間過得很快。到現在都還在學呀，這期間都沒停過，學無止境的。

問：崑曲傳習計畫期間向哪些老師學了哪些戲？何時開始大量學習崑曲？請問您崑劇的學習到演出之間經過了幾年的學習及歷練？

郭：在崑曲傳習計畫那三期中學了很多戲，比如第一年我們向梁谷音老師學了《爛柯山·逼休》和張洵澎老師學了《百花記·百花贈劍》兩齣戲。那年是曲友和演員同個時段上課，但效果不好，因為曲友學唱很快，他們識譜，我們很慢，可是學身段，我們很快，他們很慢。第一年有這樣的缺點，隔年就調整了，把曲友和專業演員分開上課，這樣老師教課比較輕鬆。

　　之後臺崑成立，他們幾乎每年都請大陸老師來教戲，然後會有成果展和定期演出，因此很感謝臺崑，說實在，沒有臺崑就沒有今天的我們，我覺得在崑曲來說，是臺崑孕育了我們，給我們場地、老師、環境還有演出的舞台。而且說實在的洪老師這樣做是在培育臺灣的人才，他是幫國光和復興兩個團培養，也不是為了他自己，我真的很佩服洪老師和曾老師當初的勇氣。

問：請問您崑曲向哪些老師學習哪些戲？如何決定學習的劇目？

郭：我們自崑曲傳習計畫以來，向大陸各大院團其中四大崑劇院團——上崑、浙崑、南京崑、北崑——的十三位老師學了不少戲，老師們都來了好幾次了，到今年都沒停止學戲，是上崑的樂漪萍老師來教《西遊記》，我想未來也不會停，因為學無止境（笑）。還在計畫明年要學什麼戲，昨天利娟才跟我說：「怎麼學了十七年還是半瓶醋呀！（笑）」

　　崑曲傳習計畫時，邀請大陸老師來，由大陸老師自行決定要教哪齣拿手戲，後來由台崑、蘭庭、台北崑來教戲時，就是崑團（像臺崑就是團長洪老師和核心幹部）點戲請老師教了，就看可演出的演員行當，還有本次公演的訴求，要怎麼呈現成果展，由此來決定請哪位老師教哪齣戲。老師來教戲，當然會希望能在臺灣有成果展現，會覺得有個交代，在臺灣有把戲傳承下去了。找了老師來，我們就去上課，我們也不挑戲學，因為老師能來教課，我們就是很幸福的了。

　　我覺得老師們來臺灣教戲，都是把看家戲拿出來教，毫無保留。比起大陸的崑團演員，我們都還要幸運地多，能跟這麼多不同院團的老師，直接學習到他們的拿手戲。學了這十七年，現在回頭看覺得我們臺灣演員真的很幸運，你看大陸的崑劇演員，老師就那麼一兩個，從小帶到大，就這樣子，來傳授的又是他們的看家戲。像梁（谷音）老師來教全本《爛柯山》，那是她的看家本領戲，像張繼青老師教我們全本《牡丹亭》，每個老師來，都拿她們最好的東西教授給我們，因為她們也想讓崑曲在臺灣傳承下去。尤其是張繼青老師要來的那年，我們都特別興奮，因為她的《牡丹亭》真的是經典中的經典，老師把那個唱摳得很緊，那年在國光劇場辦成果展演〈寫真〉、〈離魂〉，不曉得你楊（莉娟）老師有沒有跟你說？她扮了四次春香，她好嘔喔（笑）。她以前老說：「為什麼我只能唱春香，我不能唱杜麗娘？」我就跟她說：「你現在可以唱杜麗娘啦！」

問：本身的行當與崑曲劇目學習的行當是否有關聯或影響？學習的心得為
　　何？對您來說比較特別及喜愛的崑曲劇目為何？

郭：其實傳習計畫也有上一些六旦的課，但主要學的是閨門旦、正旦的戲，
　　因為我的造型就那樣，所以就不唱貼旦戲。不過老師來教，我都學，因為
　　學了不一定會唱，但我可以把戲放自己肚子裡，以後可以教嘛。我是帶有
　　傳承意識在學的。

　　　　我覺得《爛柯山》的崔氏對我來說很特別，她跟我的個性完全不一樣，
　　她很潑辣，那次學完後，我們就在成果展演出。你小楊（莉娟）老師有跟
　　你說嗎？她那時候來看成果展，看到我演《爛柯山・逼休》的崔氏和唐（瑞
　　蘭）（編按：唐天瑞本名）老師的〈百花贈劍〉嚇了一大跳，就決定隔年
　　要來學崑曲了（大笑）。她覺得是一個大改變，其實《爛柯山》對我來說
　　是個大反差，我就是個大青衣，怎麼會去演個潑辣的角色。所以我滿喜歡
　　演這齣戲的，也就是〈前逼〉、〈後逼〉，帶後面的〈癡夢〉、〈潑水〉，轉折
　　滿大的。

　　　　就更別提有多喜歡《牡丹亭》了，因為那真是經典，是閨門旦應該有
　　的氣質。之前學閨門旦是因為什麼都要學嘛，我一直對我的扮相不那麼滿
　　意，閨門旦就是要美、漂亮，你們楊（莉娟）老師扮相就漂亮、可愛，我
　　的扮相相對來說比較弱，所以我近年來崑曲的戲路就比較靠向正旦了，扮
　　起閨門旦來不那麼貼切，人要懂得藏拙。事實上杜麗娘也是一種氣質，你
　　看張繼青老師說實在她扮相也不算漂亮，但她氣質就在那邊。但總歸，閨
　　門旦就是要漂亮，扮相就佔七分了，打一出來人家都先看扮相，看不錯再
　　聽聽唱，再看做表。臺灣唱正旦的也不多，像去年跟朱曉瑜老師學了〈斬
　　娥〉，之前也跟（周）雪雯老師學了《琵琶記》，都是正旦戲。正旦比較少
　　唱有個原因也是扮相苦，命運比較乖舛，差不多也就是京劇的大青衣。閨
　　門旦的戲就唱得少了，也就是看自己的條件。

問：請問您是否教崑曲？對象為何？教過哪些劇目？在哪些場所教？請問您
　　如何決定學生學習崑曲的劇目？

郭：我在戲曲學院的大學部教旦角崑曲好幾年了，讓他們認識崑曲，採的是
　　以戲帶功的方法，因為我覺得要是我是學生，我也覺得單練基本功很無
　　聊，如果可以把功串成一個戲來學，學生學起來也有興致，老師教起來更
　　帶勁。不過這是一禮拜一次三小時的課，屬於副修，學生還有他的主修課

的京劇要學，就並不是那麼全副心力都在此，但我很常跟學生說：如果你要把戲演好，你就一定要學崑曲，學了就是加分，不學就是減分。我敢說是絕對的。我覺得他們學了崑曲後，就比較柔、比較圓，包括走臺步、身形、手形、動作、表情，都會比較豐富。

　　教過〈遊園〉、〈驚夢〉、〈思凡〉、《秋江》（京版），現在在教〈寫狀〉。教戲時我會看是否要演出，要演出，就教戲，不演出，就用以戲帶功的方式教。因為我本身也是以戲帶功的方式學戲的，不這樣練你根本不知道你在學什麼東西呀，因為沒意思呀，你永遠就踢腿呀（哈哈笑）。會一齣戲你就拉戲，拉戲的時候你就知道舞台上要站哪裡，拉戲是很出功的，也練體力，我認為這樣的教法很好。選擇〈思凡〉的原因是，它有五六段唱段，又有身段，我們戲曲都講究四功五法的（其他像扇子、劍、刀等），如何將雲帚的拿法、功夫結合成為手眼身法步，是我教這齣戲的目的之一。同時也不能教小孩子太文的戲、太溫的戲，不要說小孩子要睡，我們也要睡了。如果能將身段更加優美，我會希望教有身段的戲。而〈遊園〉、〈水鬥〉、《秋江》這些戲，講究的是雙人組合，可以養成學生對戲曲動作的概念。至於現在的〈寫狀〉在初學來說就難了，身段沒那麼多，需有底，打好基礎，才能勝任它這齣戲中內在感情細膩刻劃的要求。

　　也曾在客家科的高中部教過〈思凡〉，全班我就分個五組，每次都點組別來做。還有建中的老師自組一班學京劇，一開始教了《貴妃醉酒》，後來就教了〈尋夢〉，讓大家多了解摺扇的運用，也是很豐富的身段。也在社區大學、婦女會、北一女教京劇，曲友有他們自己的體系，而且近年也從大陸請了老師來教崑曲，就比較不會找我們去教了。最近剛結束了學校的樂齡大學的課，我在這些教學經驗中，深刻體會到什麼是教學相長，而且我這些教課都是在培養種子觀眾，希望京劇能繼續綿延下去的方法。同時，上這些課的時候，我也是有唱有作，也演給同學們看，也算是在練功。

問：在您參與崑曲演出後，觀眾結構是否有所改變？

郭：有改變。我們現在努力的就是要散播戲曲的種子，積極培養觀眾，是種葡萄效應，現在是看不到的，效果都在未來展現。

問：請問您的個人專場劇目是如何決定？兩齣京、兩齣崑的目的是？

郭：個人專場的劇目決定就是看個人，我主要考慮的是戲的編排及趕裝，而

且京劇和崑曲對我來說是同等重要的。像上半場演的是梅派《廉錦楓》和崑版《玉簪記‧秋江》，都是古裝頭，一個是孝女、一個是勇敢追愛的少女；下半場演的是崑劇《爛柯山‧癡夢》和梅派《宇宙鋒》，都是瘋戲，但一個是眞瘋、一個是裝瘋。

《廉錦楓》是梅派戲，是鍾團長在任時，有一年赴北京付學費向北京京劇團的劉秀雲老師學的，她現在已經退休了，非常擅長教學的老師。因我的老師沈小梅老師沒這戲，想說學這戲可以練功，手持漁竿，有很多動作。這戲很美，是獨角戲。這戲也不長，演《釣參》和《刺蚌》兩《釣參》十五分鐘、《刺蚌》十分鐘，總共不過也就二十五分鐘。《釣、《刺蚌》拿劍，選這戲也是希望能展現我不是不能來「武」太「武」，所以就選了這齣。而且這齣戲能展現梅派唱腔的充分展現我師從梅派的學習。

江》中，它很有內涵、有韻底的，跟小生在【小桃紅】、中類似雙人舞的身段很優美。

齣戲是和我個人特質反差性大的角色，崔氏很可己，而且小時候曾經有段窮日子，所以我很能很多內心戲，很能認同她的感受，能夠展現就是勢利、見錢眼開，我不喜歡她詮釋的，這折是半瘋的狀態，能夠把情感放

老師親授的，演了《修本》、《金是眞瘋。裝瘋是有她本來的個

崑京的一面。（張化緯老）個人專場那年，我的學習歷程透過專

表演講求上有

你就雜了，你一定的宗荀、宗尙的宗

你不要梅不梅、張不張、程不程、尚不尚的，你都唱，可是你並沒有規範。所以我那時候我為什麼會選擇梅派，首先梅派跟我的個性合，荀派的話我沒那麼媚、尚派的話功夫要好我也不行、程派嗓子要很低沉的那個我也不行，梅派的話就條件來說我還可以，所以就宗梅，往梅派靠。所以我拜了師後就只唱梅派戲，不像以前在劇校的時候我張派的戲也唱、程派的戲也唱，歸了派之後其他派的戲就不唱了，覺得要對自己負起責任。京劇因為有流派的限制，你就只唱那麼幾齣戲，相形之下你就比較窄一點了，也就是一門深入了。崑曲就不是啦，它是各大崑的戲你都可以唱，五旦、六旦、正旦的戲你都可以學，它沒有限制，所以你會學得比較廣。所以我覺得學了崑曲後，就豐富了很多我本來京劇不足的地方。

崑曲的行當比較廣，跟京劇不一樣。京劇旦角分很清楚，像我從陸光劇隊起就是正工青衣，戲很少，多半是摀著肚子坐著唱，做表少，就是賣那條嗓子，當然梅派也有很多做表的戲像《貴妃醉酒》、《天女散花》這些戲。但崑曲就不是囉，我在崑曲會學到我不會去唱的戲，像〈思凡〉。且那時候陸光剛解散，我就來到了復興，進到別人的劇團，當然是派給什麼戲就演什麼戲，所以那時候學了崑曲，就對我的演技有很大的幫就不再害怕，所以我覺得京劇演員一定要學崑曲。且角可以從正旦、貼旦的戲都唱，角色形象跨度大。像正旦的角色，比如崔氏，前根本不可能演的角色。

另外，雖然基本功一樣，但崑曲的身段規範很嚴謹，一個步個步伐，絕對不能多，京劇講的是流派，那都是個人特色，就像麼要這樣走？（站起身忖腿前進示範）那是他個子高，所以他走。如果我們今天個子矮，卻還忖腿走，那怎麼看，那是流個大師而創立出來適合他的派別。崑曲就不是了，它的身段動作，比較細膩、比較規範，有個程式、有個標準。坦白動作沒那麼細膩，比較粗糙一點。

學崑曲後豐富了我原本京劇的技巧，絕對是有幫助夫、動作外，也強調了細膩的表情及內在的情感展現版講究的是演員的技巧，跟艄翁的關係，有很多舞台的崑版的著重在感情，跟小生內在細膩的交流；風格版的〈癡夢〉有較多的內心著墨，不像京版的就只

且京劇和崑曲對我來說是同等重要的。像上半場演的是梅派《廉錦楓》和崑版《玉簪記‧秋江》，都是古裝頭，一個是孝女、一個是勇敢追愛的少女；下半場演的是崑劇《爛柯山‧癡夢》和梅派《宇宙鋒》，都是瘋戲，但一個是真瘋、一個是裝瘋。

《廉錦楓》是梅派戲，是鍾團長在任時，有一年赴北京付學費向北京京劇團的劉秀雲老師學的，她現在已經退休了，非常擅長教學的老師。因為我的老師沈小梅老師沒這戲，想說學這戲可以練功，手持漁竿，有很多舞蹈動作。這戲很美，是獨角戲。這戲也不長，演《釣參》和《刺蚌》兩折子，《釣參》十五分鐘、《刺蚌》十分鐘，總共不過也就二十五分鐘。《釣參》有漁竿、《刺蚌》拿劍，選這戲也是希望能展現我不是不能來「武」的，但又不能太「武」，所以就選了這齣。而且這齣戲能展現梅派唱腔的【南梆子】，也能充分展現我師從梅派的學習。

《玉簪記‧秋江》中，它很有內涵、有韻底的，跟小生在【小桃紅】、【下山虎】、【五韻美】中類似雙人舞的身段很優美。

《爛柯山‧癡夢》這齣戲是和我個人特質反差性大的角色，崔氏很可憐，她的處境真的是身不由己，而且小時候曾經有段窮日子，所以我很能認同崔氏怕窮的心理，而且有很多內心戲，很能認同她的感受，能夠展現我的崑曲學習成果。京版的崔氏就是勢利、見錢眼開，我不喜歡她詮釋的演法。崑版有讓人可憐崔氏的那一面，這折是半瘋的狀態，能夠把情感放出來。

《宇宙鋒》這齣就是我的老師沈小梅老師親授的，演了《修本》、《金殿裝瘋》兩段，它也是瘋，不過它是裝瘋不是真瘋。裝瘋是有她本來的個性的。

我希望這四齣戲能夠展現我能文能武、能崑能京的一面。（張化緯老師在旁說：「簡單來說就是『文武崑亂不擋』啦！」）個人專場那年，我學京劇三十九個年頭、崑曲也十六年了，希望能將個人的學習歷程透過專場的形式展現，自己能夠留下一點東西我覺得是不錯的。

問：請問您在京崑的學習中，認為崑曲與京劇有什麼不同？在表演講求上有何不同？

郭：我的老師跟我說要唱京劇就一定要歸派，什麼派都唱你就雜了，你一定要歸派，你的唱就是宗梅的宗梅、宗程的宗程、宗荀的宗荀、宗尚的宗尚，

你不要梅不梅、張不張、程不程、尚不尚的，你都唱，可是你並沒有規範。所以我那時候我爲什麼會選擇梅派，首先梅派跟我的個性合，荀派的話我沒那麼媚、尚派的話功夫要好我也不行、程派嗓子要很低沉的那個我也不行，梅派的話就條件來說我還可以，所以就宗梅，往梅派靠。所以我拜了師後就只唱梅派戲，不像以前在劇校的時候我張派的戲也唱、程派的戲也唱，歸了派之後其他派的戲就不唱了，覺得要對自己負起責任。京劇因爲有流派的限制，你就只唱那麼幾齣戲，相形之下你就比較窄一點了，也就是一門深入了。崑曲就不是啦，它是各大崑的戲你都可以唱，五旦、六旦、正旦的戲你都可以學，它沒有限制，所以你會學得比較廣。所以我覺得學了崑曲後，就豐富了很多我本來京劇不足的地方。

崑曲的行當比較廣，跟京劇不一樣。京劇旦角分很清楚，像我從陸光劇隊起就是正工青衣，戲很少，多半是搗著肚子坐著唱，做表少，就是賣那條嗓子，當然梅派也有很多做表的戲像《貴妃醉酒》、《天女散花》這些戲。但崑曲就不是囉，我在崑曲會學到我不會去唱的戲，像〈思凡〉。而且那時候陸光剛解散，我就來到了復興，進到別人的劇團，當然是派給我什麼戲就演什麼戲，所以那時候學了崑曲，就對我的演技有很大的幫助，就不再害怕，所以我覺得京劇演員一定要學崑曲。旦角可以從正旦、閨門旦、貼旦的戲都唱，角色形象跨度大。像正旦的角色，比如崔氏，是我以前根本不可能演的角色。

另外，雖然基本功一樣，但崑曲的身段規範很嚴謹，一個步伐就是一個步伐，絕對不能多，京劇講的是流派，那都是個人特色，就像程派爲什麼要這樣走？（站起身忖腿前進示範）那是他個子高，所以他必須要忖腿走。如果我們今天個子矮，卻還忖腿走，那怎麼看，那是流派，是爲了那個大師而創立出來適合他的派別。崑曲就不是了，它的身段、眼神、表情、動作，比較細膩、比較規範，有個程式、有個標準。坦白說以前學京劇，動作沒那麼細膩，比較粗糙一點。

學崑曲後豐富了我原本京劇的技巧，絕對是有幫助的，除了外在的功夫、動作外，也強調了細膩的表情及內在的情感展現。比如《秋江》，京版講究的是演員的技巧，跟艄翁的關係，有很多舞台的技巧，像上船等等；崑版的著重在感情，跟小生內在細膩的交流；風格完全是不同的。而且崑版的〈癡夢〉有較多的內心著墨，不像京版的就只是一昧的勢利眼，人物

角色太單一了。

　　不過規範是一開始的，你如果演到後面還是要有自己的風格，像岳美緹老師她有她自己的詮釋方法，但那還是在規範裡頭呀！她沒有跳出去呀。京劇是分流派的，有些動作他擺好看，我們擺就不好看，差異性在這裡。但像張洵澎老師的戲就很難學，因為就很有她的個人風格。演員演戲不能只是像老師，因為每個人有每個人的條件。梅（蘭芳）先生就說過：「你不要像我，你像死我了，你就死了」，你就沒有自己的魂了。書上寫道言慧珠演《洛神》，演完後問梅蘭芳演得如何，梅蘭芳說：「都很好，就缺少一股仙氣。」（呵呵笑）你外型像歸外型像，你還是得把它化掉，變成自己的，因為世界上任何的人都只有一位，你就算像到複製的，你也只是 number two，這其實講深了，只是學到後來你一定得演出自己的味道。所以演員一定要知道自己的條件，要顯現自己的優點，要懂得藏拙，你就能顯現優點。

　　其實我們跟大陸老師的相處也不僅限於學戲，老師來我們就跟在旁邊聊天呀、薰呀，我們就知道崑味兒，加上經驗的累積、年紀的體悟。

問：您認為京劇演員在學習及演出崑曲的挑戰與困難點為何？如何克服？學崑曲後對京劇有何幫助？

郭：崑曲難的地方首先是咬字，京劇講京白，崑曲說蘇白、吳儂軟語的我們也不會，尤其是南京崑，上崑的老師是認為說蘇白現代人都快聽不懂了，就改了。這（指說蘇白）對剛開始學的我們來說很困難，現在來說也就習慣了。

　　再來是曲，那個氣力要長、更足，沒時間給你休息、吞口水（笑），而且底音要低。像剛開始學〈遊園〉的【繞地遊】、【皂羅袍】，很難低下去，都會很想翻高唱，但他其實是要唱低音的。很多人都說〈遊園〉是經典很好唱，可是我覺得這齣戲好難唱、超難唱（笑）！它難的點在於他高八度、低八度，忽高忽低的，還有〈琴挑〉的【懶畫眉·前腔】、【朝元歌】也難唱，音很低，這對京劇演員來說是很難的，因為京劇的音是往高的地方走，每個人都會很自然地想往高唱。他的低音來說是很特別的，記得當初剛學崑曲的時候很痛苦，後來就慢慢練，才漸漸地抓到底音，我認為這對任何一個京劇演員來說都是他的困難點。腔我倒覺得還好，底音是真的困難，崑曲大嗓用得多，我們京劇說這叫白音，京劇的旦角假音、小嗓用

的多，你看京劇的老生、老旦來唱崑曲是不是就好聽？如果是京劇的小生來唱崑曲是不是就要底音厚實才好聽？對我們來說都是很大的挑戰。

還有就是，我們不是從小學崑曲的，那個「崑味兒」我們是模仿不來的，我們京劇演員學唱崑曲和從小學崑曲唱出來的崑味兒，還是有點差別的。沒辦法，你從小學什麼就是什麼，你的基礎就在那裡。說實在我們這樣（學崑曲）也算是坐了兩個科了，一個科是十年，唱了十七年快坐兩個科了。但我自己覺得我們即使學了這麼久，好像還是差崑曲演員一點，就是少了那麼一點味兒，可能跟地域方面有關。這跟底音也有關係，像〈認子〉的低音也很多，我感覺我的肺都要唱出來了（大笑）。

其實我覺得就是多練，如果你來一遍不行來兩遍，兩遍不行來三遍，三遍不行就來十遍，十遍你一定有心得了嘛！只能靠多練，這時我就深刻的明白什麼是「拳不離手，曲不離口」（一手指拳頭，接著指口），你一定要唱，你自己才知道，不管怎麼樣你欺騙不了自己呀。

現在回頭看看自己的帶子，會想說怎麼會這樣演？因為在這麼多年中，我又學了許多表演方法，如果是現在的我就會有其他表演方式，真的是學無止境。人生什麼都有停損點，但藝術沒有。我就跟學生說：「年輕的時候，有體力、沒體悟；等到年紀大了，是無體力、有體悟。」

問：是什麼支撐您在本身的團務安排、練功、上課外，又再參加外團演出，並配合學習新戲碼（僅論傳統折子戲）？

郭：這全部簡單來說就是有熱忱、喜歡這件事，人生所有事都是這樣的，你喜歡它，你就願意無償地付出。我想我大概上輩子也是唱戲的吧（笑）。我是心甘情願投入這一行的。（去抽屜找出專場演出時的小卡，指著小卡上的字）我一直很喜歡這段話：「戲曲演員能穿越時空，扮演古人，享受舞台，更享受人生。」（開心笑）我有時候想說我私下的人生沒這麼精彩，但透過演出可以成為不同的人，實在很幸運。

即使我學崑曲學了十七年，但我畢竟待在復興京劇團，每一期大陸老師來戲曲學院教京劇，雖然教的是學生，但我們在老師的休息時間跟老師上私課，也就是花錢跟老師上課。所以在這期間我也學了很多戲，並不只是梅派的戲，比如《失子驚瘋》、京版的《秋江》，所以我京版崑版的都會。

問：獨角戲教學的選擇上，為何是〈思凡〉而不是〈尋夢〉？

郭：俗話說：「男怕〈夜奔〉，女怕〈思凡〉。」這兩齣戲都是相當考驗體力

的，要一人從頭唱到尾，最好練功的戲，而且〈思凡〉眞的是愈早唱愈好，年紀大了就唱不動了（笑）。這很現實的，〈思凡〉、〈下山〉這樣的戲，年紀大了誰還背得動你呀！

〈尋夢〉相較之下就文了一點，不那麼適合，雖然都是十幾歲的女孩，可是揣摩色空和杜麗娘的難度就大不相同了。孩子比較喜歡有身段的戲，比較有趣。

附錄十三：閻倫瑋訪談稿

　　閻倫瑋，復興劇校第十三期「倫」字輩，工架子花臉，師從高德松、牟金鐸、王少洲、孫元坡等老師。畢業於中國文化大學戲劇學系國劇組、佛光人文社會學院藝術學研究所，曾任職於大鵬劇隊，現為臺灣戲曲學院京劇團主排、臺灣戲曲學院京劇學系及歌仔戲學系兼任教師、許亞芬歌仔戲劇坊藝術總監、歌仔戲導演。與丁中保合出《京劇丑角基本功初階教材》（國立臺灣戲曲學院，2010 年）。

　　　　訪談時間：西元 2013 年 12 月 27 日下午 16：30
　　　　訪談地點：內湖戲曲學院復興京劇團辦公室

問：開蒙戲為何戲？在劇校學過哪些劇目？
閻：跟高德松高大爺學《穆柯寨》、《雙李逵》，老師教學長《戰宛城》的曹操時，雖然我們還小，就跟在旁邊學，學的是架子花臉。跟陸景春學武二花，包括武旦戲的邊配，包括「走跤」，所謂走跤就是「抄」，幫忙輔助武旦的過包、轉包等等的技巧動作。後來開始跟牟金鐸老師學文戲，教了很多包公戲、全本《大探二》（即《大保國》、《探皇陵》、《二進宮》）等等。再大一點時，跟王少洲老師學架子花臉，包括張飛、焦贊等硬底子角色的戲。到了念文化後，跟孫元坡老師學《龍鳳呈祥》張飛、《擂鼓戰金山》兀朮、《轅門斬子》焦贊，同時跟大武生孫元彬老師練功，孫老師指導了我《蘆花蕩》（京版），也是張飛的角色。

問：請問您第一次接觸崑曲？是否學過崑劇？
閻：期間曾接觸張永和老師、徐炎之老師拍板唱曲，進入文化大學後也曾上過徐炎之老師的崑曲課，唱的都是些〈遊園〉那些耳熟能詳的戲碼。那時

候覺得唱很難，之後就沒敢再碰，完全沒學過崑劇戲碼。印象中只在某一次替人傍演《鐵冠圖・刺虎》的一隻虎，對我們來說要學會板眼，又在唱中間加對白、口白，真的是滿吃力的，因為過去接觸得少的關係。

問：您認為京劇與崑曲間的不同？不敢接觸之因為？

閻：差別太大啦！因為崑曲太深奧了，真的比京版的更講究唱段的那些功夫展現！那是不能出錯的，你該落在頭眼、中眼、末眼，張嘴錯了就不對了，這對我們來說很痛苦。本身來說不敢碰觸，因為沒有把握，就不敢學了。

問：認為《蘆花蕩》的崑版與京版在表演講求上有什麼不同？

閻：基本上要演崑版《蘆花蕩》的張飛，那嗓音要更能唱，崑的唱都是要翻高的，不能調底唱（低八度唱），要翻高唱的話必須演員要有一付好嗓子。京版的就那幾句散的、搖的，難度上來講，崑的難度就要比京的大好幾倍了。不光是唱難，動作又要從頭動到尾，難度太大，因此沒敢碰觸。

問：在您參與歌仔戲演出後，京劇劇場的觀眾結構是否有所改變？

閻：大家眾所皆知的，這是族群的問題、語言的問題，先不論年輕一輩的觀眾，老一輩的觀眾看戲受到母語影響，他平常說的是閩南語，所以是不進入京劇劇場的。相同的，年紀較大的外省人，一聽到台語也是聽不懂，甚至是離席。像我們學校到校外辦推廣講座的時候，像京劇有字幕就也還好，但像歌仔戲沒有字幕，又聽不懂，就可能離席。先不談老一輩的觀眾，我們現在積極地找年輕的觀眾，希望他們有多元的戲曲欣賞，包括客家也好、歌仔也好，讓他們自己去評判什麼是他們喜歡的口味。

附錄十四：趙揚強訪談稿

　　趙揚強，復興劇校第十期「揚」字輩，工文武小生，師承曹復永、茹紹荃、茹少奎、張春孝等老師。畢業於國立臺灣藝術大學戲劇學系中國戲劇組（原國立藝專）、佛光大學藝術學研究所，現為臺灣戲曲學院京劇團生角演員。參與「崑曲傳習計畫」藝生班第四～六屆，師承蔡正仁、岳美緹、汪世瑜、計鎮華等名家。曾獲39屆中國文藝協會國劇表演獎。參與臺灣崑劇團演出。

　　訪談時間：西元 2014 年 1 月 2 日上午 10：00
　　訪談地點：內湖戲曲學院復興京劇團演員休息室

問：開蒙戲為何戲？

趙：開蒙時我被分到武生組，一開始要先練基本功，壓腿、撕腿、倒八字腿、扳腿等拉筋動作，跟著師哥、師姐一起學。開蒙戲先後學了《白水灘》、《石秀探莊》，《白水灘》上京胡、《石秀探莊》是吹笛的，但學的時候也不知道《探莊》是什麼劇種，沒有概念，開蒙老師是北京來的郭鴻田老師。跟小生組就完全分開，學的戲不一樣，教室也不在一起，在我們汗流浹背的練功時，很羨慕他們時常在校園走腳步。在戲校時還學了《戰馬超》和《四杰村》，並不是學很多戲，主要是我小時候身體不好，練功是當做練身體，不為什麼，雖然我的腿功好，老師想跟我說《陸文龍》（即《八大錘》），可是身體不好，就沒主演什麼戲。

問：請問您什麼時候開始接觸崑曲？學崑曲的目的為何？何時開始大量學習崑曲？

趙：民國八十五年的時候，我們復興京劇團鍾團長安排我們跟蔡正仁老師和蔡瑤銑老師學《金雀記・喬醋》，她向我們問了意願，基本上大家都覺得

是很好的機會就都去了。第一次接觸崑曲就跟大師級的老師學戲，當下是很震撼的，發給我們的劇本裡，唱腔譜全部都是工尺譜，我根本沒看過這種東西你知道嗎？這該怎麼去學，老師稍微講了下就開始唱了起來。就必須要很快速地去消化、理解它，可是第一次接觸，眞的很難，只能把老師的聲音錄下來後，反覆地聽反覆地學。每天都去國軍文藝中心旁邊的國軍英雄館報到，就在房間旁邊小小的會客室學。因爲去學戲的時候，好像是老師已經來臺灣一陣子、差不多準備回大陸的尾聲，所以我們只跟老師學了一、兩週的戲，所以進度是很快的，學得很趕，是很大的震撼。成員有郭勝芳、朱民玲、趙聲歆等（郭勝芳老師說：都忘記了，我也忘了講這段），所以後來在團裡演的時候，我演了好幾次的小生，且就換著演，類似匯報的演出，匯報演出的時候老師已經回去了，後來也安排在國軍文藝中心公演，跟郭勝芳一起。

　　那時候只覺得崑曲很難，一下沒辦法進入，所以那時候的演出都很京劇化，只有唱念是崑曲，做的還是京劇的動作。學戲的時候，就覺得蔡正仁老師表演得很活潑、生動，就像拿著兩支金雀時的笑聲，跟京劇就很不一樣。也因爲這次學戲，後來聽到傳習計畫時，我們就報名參加了。

問：崑曲傳習計畫期間向哪些老師學了哪些戲？

趙：那時候每天團裡下了班，就往木柵的國光劇團那邊學戲，民國八十六年第四屆崑曲傳習計畫時小生組就我、孫麗虹孫姐和楊汗如三個人，一開始由林逢源老師和張金城老師帶我們認識曲譜，之後就跟計鎮華老師學《爛柯山・前逼後逼》，因爲那時候請了計老師來，可是計畫裡沒有老生演員，所以就變成我們小生演員去學朱買臣。你要很認眞學，因爲計鎮華老師是滿直呼直令的，在教學時是很嚴肅、嚴格的，老生的表演又跟小生不一樣，就要去著磨一下。雖然學的是老生戲，但報名了傳習計畫，就是想學些不一樣的東西，去豐厚自己的表演方式，所以並不排斥。

　　學戲的時候，老師時常要我們再放鬆一點，因爲我們京劇演員經常是僵著的，就在這過程中學習如何放鬆，漸漸地知道演崑曲時要放鬆，鬆懈你的肢體、框架，雖然唸詞和唱腔也難，可是最首要的學習就是要把身段放鬆。大概是平常京劇的身段都比較硬的關係。唱腔難在崑曲是水磨腔，一字多音，拐都不知道拐到哪裡去，然後又不熟，剛開始不知道氣口在哪裡，口水都不知道什麼時候要吞下去，就很不習慣，就要學著調適。後來

計鎮華老師又來臺灣教戲，就把《爛柯山》後面的〈潑水、痴夢〉一併學了，這時候就有老生演員加入了。

《爛柯山》的旦角老師是梁谷音老師，記得那時候上課好像是場地切一半，這一半生角上課、另一半旦角上課，如果要合的時候，就可以很快合在一起。有時候兩位老師就會合在一起，跟我們說情緒怎麼搭配、走位等，就比較容易明白。

跟搭配演出的陳美蘭一起到文化大學跟汪世瑜老師學《紅梨記・亭會》，老師之前幾屆教的〈跪池〉沒學到。又跟林為林老師學了《連環記・小宴》（跟張世錚老師合教）和〈探莊〉，崑版的〈探莊〉把其他過場刪減、濃縮，石秀這個人物表演就比較集中，作表方式也不一樣。跟林為林老師年紀相仿，他人也很隨和、腿功很好，加上開蒙戲學過，後來也跟茹紹荃老師學過，就學得比較得心應手些。

跟龔世葵老師學《風箏誤・驚醜》、《漁家樂・藏舟》、《獅吼記・跪池》，跟張洵澎老師還有顧兆琳老師學了《百花記・百花贈劍》，跟王泰棋老師和王英姿老師學了《雷峰塔・斷橋》，跟姚繼錕老師學了〈太白醉寫〉，跟岳美緹老師學了《牡丹亭・拾畫叫畫》，跟吳繼靜老師學過短期的戲。有些戲我學的不是那麼完整，因為我會利用寒暑假到北京跟茹紹荃老師學戲，像石小梅老師的《桃花扇・題畫》就沒學到。

問：請問您崑曲還學過哪些劇目？向哪些老師學習哪些戲？

趙：學校在開放交流、有大陸老師來臺教戲後，有次學校組了團去上海戲校學戲，讓我跟蔡正仁老師學《販馬記・寫狀》，時間點我不太記得了，但那時候一起學戲的黃宇琳還是學生，蔡老師上了幾堂後因為忙，就找了周志剛老師來給我上，期間他也來看過我學戲。

之後在臺崑找龔世葵老師把《風箏誤》教完，因為臺崑的演員都是國光和復興兩團的演員，所以臺崑開的課就要配合兩團演員的時間，要喬時間，要配合兩團的演出時間等等，但會以白天的時間為主。來教戲的老師基本上住國光那邊，人都很好，都能配合我們兩團的時間。又陸續學了《琵琶記》、《獅吼記》、《蝴蝶夢》和《荊釵記》，《琵琶記》是張世錚老師和周雪雯老師教的，趙五娘是郭勝芳，《獅吼記》柳氏也是郭勝芳，還有一次是和計鎮華老師、梁谷音老師在你們中央大學合演，《荊釵記》是張毓文老師教的，在故宮和上海都演過。

問：您喜愛的崑曲劇目為何？

趙：我想我還滿喜歡跟計鎮華老師學的《爛柯山》，因為人物、情緒、表演、劇情、情感各方面的關係，扣住劇情、人物情感的表現，還有計老師勾魂的演出，就很投入。這齣戲我很喜歡，計老師也認可，以前也在臺崑演過幾次，但近期比較不演了，因為用完大嗓後再用小嗓會很吃力，對小嗓的發展就有點影響。像《蝴蝶夢》也是一樣的原因，就比較少演。

問：本身的行當與崑曲劇目學習的行當是否有關聯或影響？

趙：我在劇校學的是武生，十八歲畢業時就進了劇團還是唱武生。之後去當兵，回來後一次機緣在票友演出的場合幫忙唱《徐策跑城》裡的娃娃生薛蛟，演的不錯就漸漸地唱小生，之後就改行小生。然後學崑曲，所以崑曲小生的文武戲都學。因為功底是武生，雖然在武生中不是數一數二的，但以武生不行的功力到小生這塊面時，應付地如魚得水。

問：請問您是否教崑曲？

趙：我沒有教崑曲，因為我自己都還在學。在劇校教書以京劇為主，以國中部為主，這學期開始要去教樂齡大學。

問：請問您參與哪些劇團或在哪些場合演出崑曲？國內或國外的邀約狀況如何？

趙：曾經代表臺灣參加蘇州崑劇節，第一屆演《紅梨記・亭會》（跟陳美蘭一起）、《連環記・小宴》（跟郭勝芳一起）和《獅吼記・跪池》（跟郭勝芳一起）。先參加台北市文藝季在中山堂演出《風箏誤》，演出效果滿好的，同年就以此劇目參加第三屆，也得到許多專家學者滿大的肯定。第五屆演了《販馬記・寫狀》（跟郭勝芳一起）。

　　復興之外我只有參加臺灣崑劇團，是崑曲傳習計畫結束時，洪惟助老師覺得如果就這樣停掉很可惜，就找了參加過崑曲傳習計畫的演員組了臺灣崑劇團，希望崑曲可以繼續走下去，有意願的就留下來參加。每次要喬公演的演員人選，洪老師就喬的很頭大，他在這塊面上真的是有心，費盡心思地要讓崑曲傳下去。去年（2012 年）五月臺崑去德國交流，主辦單位的教授對崑曲是非常了解也非常喜愛，還更重視一些，看戲的時候十分專注。九月受上海之邀，臺崑跟上崑合演，我們演〈斷橋〉、《荊釵記》，主要演員為臺崑團員，笛、鼓之外的樂隊為上崑的團員，在排戲的時候，

我感覺比在臺灣還要嚴謹，加上大樂隊把氣勢烘托起來，演出的氣氛和效果更好。

問：在您參與崑曲演出後，**觀眾結構是否有所改變？崑曲觀眾與京劇觀眾的不同？**

趙：我沒有很注意這塊面，因為觀眾群就在那裡。就像我們京劇團一樣，近幾年致力於要拓展觀眾層面，所以我們進校園辦推廣講座，希望帶動新觀眾入劇場。

問：**請問您在京崑的學習中，認為崑曲與京劇有什麼不同？在學習上有什麼困難？在表演講求上有何不同？您認為學習的困難點在？**

趙：京劇是很誇張式的演繹方式、外放的，語氣是叫囂的，非常吵雜式的演出；崑曲則比較內斂、收斂，表演方式不一樣，人物上更需要多一點內涵，必須要有讀書人的味道，久了之後自己的言行舉行就不會那麼過躁。唱曲時因為沒過門所以氣力要更足、更透，尤其是那個拖腔，就很辛苦，我覺得比京的還難。演出身段又講求和諧、對位的方式，小生的份量更足、人物比重也比較多，更能抒發表演才華，可以多揣摩後尋出新的東西來，跟京劇不一樣。

比如京版的《斷橋》以白素貞為主，小生是搭配的，也比較講究個人表現，我能唱多高就盡量唱多高；而崑版的〈斷橋〉，小生的份量就比較重，像【山坡羊】旦唱多少，小生上來就唱多少，它的比重是一樣的，表演機會多、比較好發揮。（郭勝芳說：崑曲的〈斷橋〉舞蹈性滿強的，是白蛇、青蛇、許仙三個人的互動，京劇就單單唱，比較豐富！）京劇生旦的舞蹈搭配比較少，對身段搭配有更多認識，崑劇裡很多身段都對位，是互相的，生旦很多動作是一樣的，位置也是。加上崑劇的特色是定調門，跟京劇不一樣，京劇都依個人的調門，如果今天有三個白娘子，也許今天有兩個不一樣的調門，我就得記住、分別配合他們三個人的調門對唱，不像崑曲有一致性的調門，和諧性不如崑曲，這很辛苦的。

剛開始很不習慣，現在漸漸適應，但學了十多年，坐了一個科都過了，會了解崑曲表演的程式、方法跟京劇的差異性在哪裡，愈來愈能駕馭它了。你會慢慢學到人物角色是放鬆的，困難愈來愈少、愈來愈了解，我現在甚至喜歡崑曲還多於京劇！因為崑曲小生的表現還要更多些。學崑曲對

我來說不只是學另一個劇種，還增進了我的劇藝、轉化了我的個性、調整了我的修養氛圍。

如果可以的話，我會盡量不在短期內又演京又演崑，因為在嗓子的運用上是不太相同的、調性也不同，因為京劇的聲音是一直往上走，位置比頭頂還要多些，但是崑的音很低沈，有時候又跳上來，不過他基本的音在中音左右，用久了中音，你音要往上爬，就會有點吃力。念白的大小嗓和滑音，就只能多練、多唸，讓他滑順，這也不是老師形容一下我要修正的地方，我就能馬上做到老師的要求的情況，只能多練，要去找和調發音的位置。

問：是什麼支撐您在本身的團務安排、練功外，又再參加外團演出，並配合學習新戲碼（僅論傳統折子戲）？

趙：以前還沒生小孩的時候，我太太說 OK，我就可以到處去學戲，我太太一直滿支持我的京劇事業的。近年來，因為家庭多了新成員，時間不夠用、軋得滿緊的，就比較少去北京和茹紹荃老師學戲了。現在學戲都比較看機緣，因為要再跑大陸學戲真的很不容易。

今年三月跟楊利娟兩個人到浙崑排洪惟助老師寫的《范蠡與西施》，在杭州待了將近一個月學習，四月一日在杭州勝利劇院演出後就回來了，那是第一次以單獨演員的身份去跟另一個團合作，感覺很不一樣。要想辦法跟團裡請假，得提早跟團裡規劃，才能兼顧，因為喜歡，所以願意排除萬難。在杭州的一個月，真是密集壓榨我們的腦力，除了睡不好之外，精神壓力也大。只有唱腔譜，完全沒有身段排練指導，所有的身段都是我們兩個在劇團排練場看排時看了個大概，回去後消化吸收，晚上就在房間裡研究，經常一研究就過十二點了。除了補足前面的場次，也要想後面的發展，去想、去編，接著到劇場給導演看適不適合，是雙重的壓力，那時候很緊張。這一趟杭州行也很不容易。

問：個人專場的劇目如何挑選？選擇〈琴挑〉的原因為何？

趙：個人專場的劇目最主要就是要展現演員個人多方面的才華，就要挑選能將自己發揮最大績效的戲。我希望小生的戲——不論是唱念做表、各人物行當——都能讓觀眾有多一點的認識，戲碼有動有靜、能文能武，難得有這樣的場合可以展現出小生的表演藝術，所以我就推出了四個戲。

《一飯千金》這齣戲以前演過，是張春孝老師幫我排的，雖然北京已

經有人演，但依照我的個人條件稍微調整過，加上在臺灣沒有其他人演過，是我個人的戲，覺得可以展現出來，所以我排在第一齣。

《評雪辯蹤》是齣窮生戲，也很少人演，主要是希望能演出小生的各人物行當，有巾生有窮生，著重口白和表演，以窮生的方式展現。

因為前面兩場戲是動的，我希望能用靜的方式來呈現崑曲，又是生旦配合的展現，所以挑了《玉簪記‧琴挑》，希望大家能靜下來、好好地坐下來欣賞崑曲。本來考慮過〈亭會〉，但它是很動態的，跟謝素秋兩個人舞來跳去，因為想呈現有動有靜，讓人坐下來了解崑曲，因此選了〈琴挑〉。

第四齣《羅成》，不是只有《叫關》，而是一直演到《淤泥河》，很考驗演員的功底和嗓子。

我想一般小生演員是不可能會輕易嘗試這樣的安排，但未來若有機會再演專場的時候，還是會希望能將小生的多種樣貌都呈現出來。

附錄十五：朱勝麗訪談稿

　　朱勝麗，小陸光第三期「勝」字輩，先習武旦後改工花旦，師承筱派名家陳永玲等老師。畢業於國立臺灣藝術大學戲劇學系中國戲劇組（原國立藝專）、佛光大學藝術學研究所。曾獲中國文藝獎章、中華民國文化復興委員會最佳旦角獎。參與蘭庭崑劇團，師承周雪雯老師。

　　訪談時間：西元 2014 年 1 月 3 日上午 11：00

　　訪談地點：木柵星巴克

問：開蒙戲為何戲？

朱：因為我身手矯健、俐落又靈活，就被分到武旦組。我雖然主修武旦，但早上也要跟青衣花旦組的上課，我們著重在「蹻」功。武旦組的開蒙戲為陸景春老師的《搖錢樹》、《泗州城》，跟秦慧芬老師學青衣戲《花園贈金》、跟馬述賢老師學花旦戲《拾玉鐲》、跟白玉薇老師學《打櫻桃》、跟劉鳴寶老師學《賀后罵殿》、《打麵缸》。因為那時候也不像現在有錄音機，所以都是老師一個字一個字、一句一句地教我們，

問：請問您在陸光在校期間所受之教育為？是否與您學習崑曲有關？

朱：我們那時是陸光第三期，我們招收了三十個人，所以行當齊全，對我們寄予很大的期望，所有的心力都在我們三期生身上。我們那時候的學習環境比現在好，教我們的老師都正值壯年，因為他們已經不在舞台上了，所以會把某種程度的希望寄予在我們身上，對我們嚴格管教，包括我們的生活都要管，就不只是術科，希望我們德藝兼備。現在想想，對某些老師滿感謝的，像是其中一位教我們從毯子功到基本功的許松林老師，他幾乎天天都跟我們在一起，多嚴格呀，但我們現在都很感謝他。

　　在陸光時有一門專門的「曲牌」課，從入學到分科後上了幾年，是楊蓮英老師的父親楊飛老師教的，他教得非常好，也非常磁實，當時我們要一個一個站起來唱！所以直到現在我們都把《天官賜福》記得很熟，要唱都可以立刻唱的。如果說像這樣的曲牌課也算崑曲的一類的話，我們也算是從小就接觸到崑曲了。內容以群戲為主。另外，秦慧芬老師也教崑曲《金山寺》，有【喜遷鶯】、【水仙子】等。如果真的要追溯的話，這是我們三期生對崑曲的接觸。

問：請問陳永玲老師對您的影響。

朱：我的表演受陳永玲老師影響很大，這些老前輩的演技手法是很高明的，跟他從小受的教育是有關的。老師是中華戲校畢業的，那時候校長是焦菊隱，所以他們都要上導演課，因此他們都會做「人物分析」，分析角色，這是他們那時候的訓練。所以老師教我的時候，也都會從人物開始說起，他很不喜歡我們的演出一舉手一投足是一板一眼、臨摹出來的，他認為這種東西你一定要把它內化掉，自然而然地由內而外投射出來，是靈動而非僵化的。他什麼都從自然、生活出發，但是你所有的東西都不能離開「美」。老師對我影響很大，我在舞台上還滿要求「美」、自然的，所以我的表演比較趨向自然，相對地也比較寫實一點。

問：請問您什麼時候開始接觸崑曲？是否曾參與崑曲傳習計畫？學崑曲的目的為何？何時開始大量學習崑曲？

朱：我沒參與過崑曲傳習計畫，不過他們在上課的時候，我曾經去課堂上觀摩，看看崑曲是怎麼一回事。在傳習計畫的尾聲，國光請來梁谷音老師教《爛柯山‧潑水》，開放給國光的旦角演員參加，我就報名去學。後來在戲曲學院木柵校區的學藝樓三樓辦了一次成果展匯報演出，剛好挑到我，我就跟王鶯華搭檔演出，另一次是跟盛鑑（編按：盛利鑑本名）在臺灣崑劇團舉辦的「風華絕代」演出。但我覺得這兩次演出都不是很理想，我覺得崑曲最好就是要一對一的教學，因為崑曲有很多動作是很細膩的、文藻比較深，不像京劇是很俐索、淺顯易懂的，比較庶民化。但我覺得崑曲的詞意是要有老師告訴你，向你解釋，讓你領略崑曲裡真正要表達的東西。我學崑曲的時候希望學習的速度和節奏比較緩慢，要把它吃得很透，這可能跟我們學習得習不習慣也有很大的關係，所以我很喜歡近距離的教學，有疑問可以立即解決，又因為人少，所以老師很快就可以指正你，就可以

學得比較確實，在台上演的時候也比較篤定。因此，我不是在這樣的環境、狀況下學了〈潑水〉，對我來說不是那麼「磁實」。

　　如果說在戲曲這條路上用緣份來講的話，我覺得在蘭庭接觸崑曲的緣份是最深的，我萬萬沒想到那時候蘭庭的團長朱惠良會找上我，她就問我，我當然願意！而且能跟溫宇航這樣的演員合作，對我來說是莫大的榮幸。而且又可以好好的學一齣戲，於是參加了蘭庭。真正接觸崑曲，是蘭庭崑劇團成立，找我演出 2006 年的復團公演《獅吼記》，找了周雪雯老師，給我手把手地密集教學，大概每天都在上課，一個字一個字、一個身段一個身段地教，花費了一番心力學習，我學崑曲的速度是很慢的，一直到現在都是如此。所以直到現在，如果突然說晚上要演《獅吼記》，馬上就可以演，因為我那時候學得很確實。之前赴上海演出這戲時，在聚餐上還被顧兆琪老師稱讚說「有崑味」，對我來說是無預期、滿大的鼓勵。

問：請問您崑曲學過哪些劇目？如何決定學習的劇目？向哪些老師學習哪些戲？學習的心得為何？

朱：因為那次的合作，蘭庭又找了我去學戲和演戲，跟周雪雯老師學了《白兔記・產子》、《玉簪記》、《長生殿》，跟孔愛萍老師學《牡丹亭・遊園驚夢》，我的崑曲戲都是在蘭庭學的。我覺得很多了，因為我個人學崑曲特別慢，我想是因為我自己對它是既怕又愛的，怕是因為我自己學崑曲的時間短，它對我來說還是陌生的，又因為老師來的時間短，怕自己在學的期限內無法完成，會有點趕進度，我自己喜歡用緩慢一點的進度學習崑曲，有時候學崑曲會堵車，但我不會放棄任何可以學崑曲的機會。

　　最近國光請了張毓文老師，教《百花記・百花贈劍》、《青塚記・昭君出塞》、〈黛玉葬花〉，這些戲我們都跟著學。不論學南派或北派，目前對我來講，有老師教是最幸福的事，以前不懂得，只覺得就不過是照表操課，成為演員後，愈演愈知道自己有很多不足的地方，慢慢才清楚，我自己知道我有什麼是還不足的，清楚還有哪些是該跟老師請教的，學習的方向愈來愈準確，就知道在哪個地方再多請益、注意，以前比較茫然、未知，但我們不能唱一輩子的糊塗戲呀！

問：本身的行當與崑曲劇目學習的行當是否有關聯或影響？

朱：不一定，但是我都學，不一定學得那麼到位，我覺得這都是我的養分。像柳氏是比較接近的，但是又不能演得那麼像花旦，京劇的花旦是很外放、

活潑的，雖然柳氏是那樣的角色，可是你還是要收、收，不過崑曲老師會幫我收。我覺得這方面對我來講是幫助滿大的，讓我們可以收放自如，有時候我們放了收不回來，有的時候不夠、放不出去，不過這是我的企圖和祈望。像〈百花贈劍〉比較是我的戲，不過《牡丹亭》、《玉簪記》、《長生殿》我也學，都要收，剛開始會覺得綁手綁腳，感覺好像都被束縛起來了。這是要一直學習的，老師很好，會一直提醒你。

問：您喜愛的崑曲劇目為何？

朱：我特別喜歡〈產子〉，我第一次接觸〈產子〉是在第三屆崑劇藝術節上，我們《獅吼記》去演出，在蘭韻劇場看到王芳演的〈產子〉，我看了很喜歡，就跟團長說：如果有機會可以學這齣戲的話，我想學。結果就在宇航的「蘭庭六記」時，請了周雪雯老師來教這齣戲，不過那時候我沒演，那時候是郭勝芳演的，我就跟著學。學完之後，我是蘭庭去香港演出時演的。

問：請問您是否教崑曲？教學的心得？

朱：我沒有資格教崑曲，我還不夠、自己都覺得不到位，所以沒有。但我教一個大陸的非專業學生（曲友）〈遊園〉的【步步嬌】，我自己藉由這樣的教學機會也上了一堂課。一起從頭走一次，我反而藉機把身段解剖、分析，反而這一段就加深了我自己的印象，這也不是教，藉由交流，有個對象讓我可以將身段結構拆解，這次經驗反而非常深刻。雖然老師教的時候有說了詞義，但藉由教，我就能夠更掌握，為什麼那時候要回眸、為什麼那時候要照鏡子。本來是來不及的地方，經過這樣的經驗我就去重新佈局，就了解為什麼老師在台上這麼遊刃有餘，就知道什麼地方我要先預備、什麼地方我要做什麼，原來能夠把時間編排的這麼好。我還沒教完呢，還要繼續，因為大家都忙。我沒資格教崑曲，因為這是一種責任、一種態度，我覺得我還沒有到可以教人的資格。

問：請問您參與哪些劇團或在哪些場合演出崑曲？國內或國外的邀約狀況如何？

朱：跟蘭庭到香港演《獅吼記》，後來也去上海演。到北京湖廣會館演《長生殿》、《獅吼記》，張世錚老師和周雪雯老師在演出的時候都會在場邊把場，心裡就比較踏實，畢竟不是在自己熟悉的舞台上表演，難免都有一點害怕，我到現在唱崑曲還是會緊張呢。

問：在您參與崑曲演出後，觀眾結構是否有所改變？崑曲觀眾與京劇觀眾的
不同？

朱：我會影響我自己的朋友，是從以前就會來看我京劇演出的朋友，有機會
就會跟沒看過我演崑曲的說：來看我演崑曲吧！希望他們都來看看我不
同劇種的表演，他們都愛屋及烏，我有幾個很愛看戲的朋友，他們都會給
我中肯的建議。

問：請問您在京崑的學習中，認爲崑曲與京劇有什麼不同？在學習上有什麼
困難？在表演講求上有何不同？您認爲學習的困難點在？

朱：京劇因爲是我們從小學，所以可以馬上就進入，我可能受陳永玲老師的
表演啓發、影響，我覺得有些東西比較自由，相反地崑曲的規範就比較多，
這是我自己認爲，不一定正確，是我自己的體會。而且我們學過的功法，
在京劇舞台上我們是可以把它消化掉的、可以運用自如，我們演員可以內
化掉很多東西，變成一舉手一投足，出來就是那個樣子，就是八九不離十
了。但是崑曲就不一樣，我們原來對它就是陌生的，再加上它每個動作都
要精準、準確，所以唱到什麼字的時候，手就要抬起來，唱到什麼地方的
時候，眼睛要到哪個位置去，就是在那個點上，你的手或你的眼睛要到那
個方向去。所以要做得很準確，學崑曲的時候你只要會唱，再學身段就會
比較快，可以知道我們有幾拍可以把動作做到位，但是京劇自由度比較
大，它不一定需要那麼多的身段。崑曲的身段特別多，但是它是很細膩、
很精準的。我覺得在京劇裡空間非常大，因爲有足夠的自由度，我喜歡京
劇舞台上的活化、通俗，但崑曲可以規範我們、訓練我們的精準度，因爲
有了精準，就影響了我們在京劇舞台上對到不到位的要求，因爲不能因爲
自由就野放了，還是有品相（品質）的。

　　一開始都不敢做，因爲害怕錯，結果我做的都不足，可是反而不對，
這樣老師沒辦法幫我改，老師要一直幫你加、幫你加也很辛苦，寧可做多
了老師幫你削減，也不要不敢做，你要增多不容易，寧願多再去削，可能
削一次就可以了，就這樣學了這幾年，慢慢習慣，比較能拿捏、掌握崑曲
了。不過，既然學了，就希望盡量分清楚，最害怕演得「京不京、崑不崑」，
京有京味兒、崑有崑味兒，這是追求的一條路，永無止境。

問：學習崑曲後，對您的京劇劇藝是否有幫助？

朱：崑曲把你的身段、眼神都規範地好好的，影響了我們在京劇表演，做人

物刻劃的時候，不會沒有「度」，不會太過，隨時自由、即興發揮，不行的，你一定還是要在那個規範裡，分寸和準確的拿捏上會比較在意。學了崑曲後，你會從事事將就，到現在的事事講究，現在比較能反芻。以前在三軍時代，我們有很多演出機會，一齣戲唱幾百場都有可能，可是就唱傻戲嘛。經過幾年的時間，因為歷練加上自己的體會和崑曲的影響、小劇場的參與，這些經驗對新編戲要求刻劃人物很有幫助，提昇了我的表演。

以前學京劇，因為自由度夠，很多東西在將就中我們就放掉了，以為無所謂，其實不行，是「有所謂」的。以前會「無所謂」的要求，現在會「有所謂」的要求自己，因為有了比較，有了相互的影響。我覺得學崑曲是必須的，我覺得京劇演員都要有點崑曲的底子：第一，崑曲的身段很優美，第二，要求一切精準，第三，在在要求自己、在舞台上對自己更嚴苛，我個人是這麼認為。

因為有了這些經驗，你會回去找自己的源，回頭去看老前輩的東西，你會覺得他們的表演是很高段的，你會找到他精髓的部分，以前會疏忽掉、覺得無所謂，但現在是有所謂的追求，不那麼盲目了，以前可能過得去就好，但現在對自己的自我要求更高。在舞台上要追求精準是很難的，可是是必要的，因為有了精準，加上自由空間大，所以可以表演得更好。所以我們看一些名家的老帶子，以前只是覺得好、盲目崇拜，但現在就會去找他好在哪裡、精在哪裡。舉例來說，像以前對行弦（過門）的地方不是太在意，不去了解為什麼要安排身段，必定有他的道理，但以前就是不知所云，做就好了，現在就發現其實裡頭大有文章、有很多細節部分是有其必要的。我覺得學習崑曲開啟了我另一扇觀察力，以前對詞意也比較不會去太深入了解、追究、往裡頭挖，我們現在就比較知道為什麼話要這樣接，它裡頭有什麼潛台詞。以前我們叫「淺層表達」，現在叫「深度挖掘」，能有這樣的認知，對我來說也是很大的進步（笑）。

問：是什麼支撐您在本身的團務安排、練功、上課外，又再參加外團演出，並配合學習新戲碼（僅論傳統折子戲）？

朱：都是來自一顆不安份的心，我不是說我認為現在有老師來教是最幸福的事嗎？我覺得人都對自己有一部分的追求，就不會死氣沉沉的，而且本來就喜歡舞台、眷戀舞台，所以當有很多可能性的時候，我都會去接受。這都跟我的個性有關，我有時候是倔強的，我有時候愈覺得自己好像做不到

就會想去做、會給自己機會去試試看，不見得成績有多好。會怕，但會藉由排練過程給自己剷除恐懼的挑戰，可能跟我從小就被送出來讀書、要獨立面對一切有關係、有影響，而且我滿喜歡交朋友的。

問：**獨角戲教學的選擇上，爲何是〈思凡〉而不是〈尋夢〉？**

朱：〈思凡〉是我自己對自己的目標吧，陳永玲老師告訴我，如果我有機會跟中國戲曲學院的李金鴻老師學戲的話，一定要學他的〈思凡〉。我就去請教李金鴻老師：「爲什麼一定學〈思凡〉呢？」老師就說：「〈思凡〉的動作、身段很多又繁複，你只要把這戲唱好、唱得遊刃有餘，你這一身就都有了。」唱念做舞全都在裡頭，體力跟耐力的挑戰，「女怕〈思凡〉，男怕〈夜奔〉」嘛，一個人在舞台上，你要獨撐全場而不讓它冷場，這都看一個人的功力。所以當你到位的時候，你這個演員就「齊」了，全方位的，它應該是最好的啓蒙戲。很想跟老師學戲，但是沒時間，都只是去拜訪老師，每去北京一定去看看他、跟他聊聊天，老師一直想讓我跟他學〈思凡〉和《扈家莊》，很遺憾已經沒有機會跟他學了。

　　至於我後來爲什麼學和唱，是因爲我覺得我一定要唱一次，但是我沒唱好，這戲難之外，主要是我那時候的身體狀況是我最不好的時候。我覺得這戲是集體力、耐力於一身，沒有休息、一段接一段，獨角戲就難在你沒有喘氣的機會，要一鼓作氣。而且崑曲沒有過門的，只有念白的時候可以稍做休息，而且這戲沒有對手戲，下來都要昏倒了，都是靠意志力撐下來了，不過有機會還想再挑戰一次，我覺得一段時間一定要鼓勵自己再演一次。

附錄十六：曹復永訪談稿

　　曹復永，復興劇校第一期「復」字輩，工文武小生，有「永遠的京劇小生」之美譽。畢業於空中大學，曾任職於復興京劇團，參與雅音小集、嚴蘭靜劇團、盛蘭劇團，目前積極投入教學傳承與戲曲導演的幕後工作，現為國立臺灣戲曲學院歌仔戲學系副教授。曾獲第二十二屆中國文藝協會國劇表演獎章、第四屆全球中華文化藝術薪傳獎、中華民國文化復興委員會頒發國劇小生表演獎、壬辰年北市傳統藝術藝師。

　　訪談時間：西元 2014 年 1 月 3 日下午 14：00
　　訪談地點：內湖象園咖啡

問：開蒙戲為何戲？

曹：入學時每個人都要學《天官賜福》，是我們對外公演的第一齣戲，過年的開台戲，所以是每個人在啓蒙時都要學崑曲的。再來第二齣戲是《麻姑上壽》，女生每個人都要學，但每個人都要會唱，雖然上台只有麻姑唱，但台下男女生都要合唱去展現氣勢，所以我們啓蒙戲就是《天官賜福》和《麻姑上壽》。杜自然老師教我們崑曲和曲牌，增加我們合唱的機會，節慶像元旦、雙十節的時候用，入學學了初一就演，大人看小朋友這麼小就會唱戲，又唱這種吉祥戲，就很討喜，所以我們入學都學《天官賜福》。

　　老生轉武生再轉小生，可是我那時候學校還沒有小生，所以我的開蒙戲是《荷珠配》，小花臉的戲，北平戲曲學校周金福老師教的。正式的正規小生開蒙戲，是北平戲曲學校陳金勝老師教的《轅門射戟》。開蒙戲的特徵是一個腔要學很久、一個動作要學很久，你可能今天就學打引子，學到你真正會了，老師才往下教，你會到哪個階段，真正的學會了，我才往

下教下去。早期的老師都是這樣教的，所以我在復興學的那些戲呀，我都記得很清楚，都是口傳心授，張嘴就出來了，可是新戲呀，我沒兩三個月就忘掉了。開蒙戲老師不會很急著教會你，會很磁實地教會你，講究出場，一百遍這樣走，走到最後就不覺得是走腳步而有人物出來了。開蒙戲很難，開蒙戲沒有一下子就學會的，底子必須要打好。開蒙戲的特色就是要學很久，也許學一年，你到後期戲是學很快的，因為你已經知道大概，可以學以致用、套進去了。尖團字、字正腔圓，從走台步到走角色要有人物。

像我的開蒙戲《轅門射戟》學了翎子的應用，穿蟒袍、穿箭衣，學了很多不同的表演方式。同時，這齣戲有引子、有墊場詩，有兩種不同的二六唱法，娃娃調、快板、流水板、搖板，為什麼我們唱教這麼久？因為它有最早期的小生唱腔全在裡頭，可是它沒有強烈的花腔，對於我後來唱同樣的板式就知道怎麼掌握。這就是為什麼啟蒙戲很重要的原因。

問：請問您什麼時候開始接觸崑曲？學崑曲的目的為何？何時開始大量學習崑曲？

曹：畢業後，民國七十年杜自然老師，找我和乾旦程景祥合演〈跪池〉，是我剛開始唱小生的戲，在中華路文藝中心的「崑曲之夜」演出。我覺得演得不是很好。

之後，民國七十一年跟大鵬劇校唱張派青衣的嚴蘭靜合演〈遊園驚夢〉，是文化大學徐炎之老師的版本，嚴蘭靜和高蕙蘭唱過，我是照他們的版本唱的，也不是很到位的唱法。

真正的接觸是在 2005 年，曾永義為國光寫的《梁祝》，它有四個梁山伯、四個祝英台，我就跟魏海敏演〈樓台會〉一折，是我真正第一次跟崑曲老師學戲。教我唱腔的是蘇州大學的周秦老師，我第一次跟他學唱腔時，有很大的挫折感，他說我聲音太火爆、太強硬、像在唱京劇，他說崑曲的聲音不能太高、不能太輕、不能太重、不能太低，還有一個不能自作主張，我怎麼教你就要怎麼唱。因為我京劇唱慣了，嘴皮子很有力氣，崑曲要輕輕地唱，我的力道很重，所以他覺得很火爆，我就有很大的挫折感。老師就一直修正我、修正我，所以直到這次我學崑曲才知道──「隔行如隔山」，從發音、音色、音腔到共鳴音都不一樣，所以我花了很長的一段時間，慢慢就找到唱腔的感覺。到排練時又出現了另一個問題，那時的導演是上崑的沈斌，教身段的是周雪雯老師，她教身段後我就開始排練，排

練的時候問題又來了，第一個是在說「看賢妹」，我的手勢（手舉起在眉上方）就抬得很大，她就說：「曹老師，崑曲是『看賢妹』（手舉起在眉下方），京劇的手勢在眉毛上面，崑曲的手勢在眉毛下面。」同樣一個動作，如果是崑曲的動作就很優雅、很含蓄，京劇的話就很誇張的，所以我光是「看賢妹」這三個字，從唱腔到身段，我都去重新體會要改變自己的肢體。因為崑曲是近距離的欣賞，像茶香一樣，淡香淡香的；京劇就像濃郁的酒一樣，那麼地強烈、誇張。因為我以前學戲都是比較強調、誇張，突然要我含蓄、柔美，在這個過程中，滿難的，所以在排戲的過程中，老師會一直提醒「曹復永，又過頭了」、「又過頭了」。所以我在演出這次《梁祝・樓台會》時體認到：不同的藝術有不同的領域。後來唱完了，也不錯，但跟其他同台演員比沒那麼好，因為他們都學崑曲很久了，不像我京味兒還很重。

問：請問您崑曲學過哪些劇目？如何決定學習的劇目？本身的行當與崑曲劇目學習的行當是否有關聯或影響？向哪些老師學習哪些戲？學習的心得為何？您常演的崑曲劇目為何？您演來得心應手的角色為何人？

曹：蘭庭崑劇團構想要復團時，當時朱惠良找我去演 2006 年的《獅吼記》，A組是溫宇航和王志萍，B組是朱惠良、我和朱勝麗，本來找我演前面的〈遊春〉、朱惠良演後面的〈跪池〉，想說以前學過〈跪池〉現在來學個〈遊春〉，能把戲貫穿起來滿好的，就答應了。這戲由張世錚老師指導唱、身段，也身兼導演，我很認真地跟他學這齣戲，等於是要天天去上課，比以前跟杜自然老師學的更實際一點，現在回想是有點差距的。但學到一半，朱惠良要去當台北市文化局局長去了，她就說她很忙、沒辦法學，我就要一個人唱完整齣戲，我覺得很幸運可以學完這齣戲。所以我《獅吼記》就是備位人生，我這一生就是備位人生。第一天是溫宇航演、第二天是我演，演完了之後溫宇航就回美國去了，所以後來的巡演都是我演，自 2006 年後，我就時常演出〈跪池〉這折戲。

2009 年蘭庭崑劇團在故宮演《長生殿》，根據《明皇幸蜀圖》那幅畫，A組是溫宇航，B組是我和陳長燕。演官生要戴髯口，很不習慣，因為京劇小生不戴髯口，就沒辦法像蔡正仁老師一樣演得那麼自然，也因為我耳朵短戴不了髯口。

最後一次是 2010 年在張志紅的崑曲專場跟他合演〈跪池〉，唱完那場

戲後，我就沒再接觸崑曲了。我學崑曲的〈跪池〉有三個階段，每次合作都有些調整，我就在其中學到小生的搭配。

問：您喜愛的崑曲角色為何？

曹：〈跪池〉這齣戲不是很好演，陳季常不是在醜化自己，他是書生、不是小花臉，書生他就給你做那個害怕的樣子，但他心裡他自己知道，他也不跟你講，但他心裡很清楚、他認命，他不能醜化自己但又要保有書生的尊嚴，可你看他就看著他的太太他就沒辦法，她就很失控、他怕得不得了，滿有他的意思，我很喜歡。喜歡的原因是因為演他滿有挑戰的，不能總是演些像呂布、周瑜這樣風流的角色。

問：請問您在復興在校期間所受之教育為？是否與您學習崑曲有關？

曹：世新大學的田士林老師教我們〈思凡〉、〈下山〉，教丑（小花臉）、旦，但因為大家都很喜歡，所以聽都聽會了。杜自然老師教的第二齣戲是《春香鬧學》，這就是我們在復興上學時學的崑曲開蒙戲，但因為我們學京劇，所以也不是我們將來的目標，並不是那麼精緻，只是大家都會唱。老師教完啟蒙崑曲後，就沒有再教崑曲了，一直到畢業都沒有再接觸崑曲了。

　　學京劇後，也接觸到了點北崑的戲，像《石秀探莊》、《水漫金山寺》、《扈家莊》，這些都是我們在學校裡學的戲，京劇跟北崑比較靠近，京版的跟崑曲比起來在唱腔和用字上沒那麼講究。

問：請問您在擔任復興京劇團團長時推動與崑曲相關的活動？

曹：在 2005 年參與曾永義為國光寫的《梁祝》後，我就把京劇演員要學崑曲的觀念帶回劇團，那時我在當團長，在 2006 年曾永義教授跟我提了個構想：他寫了新編崑曲《孟姜女》，想找京劇演員來演，那時候我是團長，所以從那時候我們復興京劇團有「京崑兩門抱」的傳統，每個京劇演員都要學崑曲。我在劇中演的是曾永義創造出來的人物「歸有義」。我覺得臺灣唱崑曲有個很有趣的現象：「上崑的老師導演、蘇崑的老師譜曲、浙崑的老師教身段、臺灣的京劇演員演」，這個組合就《梁祝》延續下來好幾年了。2007 年我們在國家戲劇院演出，很受歡迎，京劇團唱崑曲，賣座非常好。

　　因此，2009 年曾永義又寫崑曲《李香君》，導演找北崑的叢兆桓老師，他來的晚，但我們接觸過崑曲，也看過曾老師的劇本，所以在他沒來之前，有些身段我們演員都會設計，主要是男主角是趙揚強，趙揚強在臺崑很多

年，因此這齣戲我們沒有請身段的老師，我們自己設計好了以後導演就來修正。用很傳統的服裝，簡單的七巧式佈景，我在戲裡演福王。那時候會讓我來演主要是因為周秦老師，他說《梁祝》是曾老師的劇本、他譜的曲，《孟姜女》也是曾老師的劇本、他譜的曲，假使這次《李香君》是曾老師的劇本、他譜的曲，我們三個人就合作過三次了，必須要完全這三次的合作經驗，我才參與了這個演出。這個戲後來到廈門、北京梅蘭芳劇院演出，很受歡迎，原因是大陸的京劇演員覺得很奇怪：為什麼臺灣的京劇演員能演崑曲，而且還是演這種大型的新編崑曲。演完這齣戲我就退休了，到2009年底總共當了十二年團長。

我在當團長的時候，會安排一些新的劇目，就會有崑曲戲，雖然劇本和表演藝術是新的，可是透過周秦老師的譜曲，它的腔是傳統的崑曲腔，他不喜歡花俏的腔，而且崑曲是套曲的。題材是新的，燈光佈景是新的、配樂講究一點，可是唱腔、身段是傳統的，這是很重要的，只是透過劇場的不同表演藝術結合呈現成新的，其實我們每次演出都是最傳統的身段、唱腔，結合了現代的劇場聲光效果，所以叫做傳統與創新，這樣才能帶動新的觀眾走進劇場。我也希望在演出時，帶動觀眾認識我們的新生代演員，我當團長的時候大多數時候都在襯托新的團員，因為我知道我快退休了，他們必須接起這個劇團，讓他們走出去、讓觀眾認識，這也是我當團長時的目標，希望他們能承先啟後。

同時，我也在團務會議上鼓勵演員學習崑曲，看只是學個表象，你要去學才能吸取經驗，比如參加傳習計畫，臺崑、蘭庭請老師來臺灣教崑曲，像趙揚強、唐天瑞、郭勝芳就參與了很多臺崑的活動。我也會給時間上的方便，時間上比較方便演員才有學的意願，而且我也會去看他們的演出，看他們學得怎麼樣。有時候洪老師打電話來，我也是讓他們去演，也安排他們在復興劇場演。我很支持這樣的活動，讓我們的演員能有更多的學習，會有更好的呈現。我當時借將給臺崑讓學校很不能原諒，我就在開會時跟學校說：這是一個成本低又有呈現的活動，不花錢又可以讓演員學新戲，又可以成為獨當一面的演員，來說服學校同意。

問：請問您是否教崑曲？對象為何？教過哪些劇目？在哪些場所教？
曹：我不教崑曲，還在學就不教，沒有從小很紮實地學過，只是為了要演才學，那是不能教的，因為你沒有教的條件。有些東西你還不知道所以然。我只教北崑的《雅觀樓》，那是給小學生唱的，它不像崑曲有那麼高難度

的唱腔，主要強調武功身段，這種戲我就教。

像〈遊園驚夢〉、〈跪池〉、《長生殿》這種戲我常唱，但我不教，因為我覺得我自己也沒有演好。對我來說，崑曲是我自己學了自己唱，可是我不會自己學了去教，我很肯定我餘生也不會教。

我退休後主要教戲，有時也參加林谷芳老師在臺北書院一年四季「茶與宴的對話」，我就被請去做十分鐘片段的京劇演出。

問：在您參與創新京劇、崑曲、歌仔戲的導、演工作後，觀眾結構是否有所改變？

曹：當年我參與雅音小集的時候，被學校老師說是「判徒」，好好的傳統戲不唱去唱現代劇場，他們叫它改良戲，他們那時候沒辦法接受雅音小集的那種表演——哭都真哭，因為在國父紀念館演，劇場太大了，假使你不誇張的話後頭的觀眾看不見，所以他必須有那種（做出吸氣抽泣肩抖動的動作），假使你沒有那樣觀眾他不知道你在做什麼。所以必須要放大自己的聲音、放大自己的身段、放大你的情緒，這是雅音要做的。但你回到傳統小劇場時，就不能這樣做了。在頭幾年劇團是很反對參與現代戲的，在我長期的參與及邀請下他們就來了，發現我們只是加了新的佈景、燈光、國樂，看了幾次之後就比較不反對了。過幾年後，我也把現代戲的觀念帶到學校，讓雅音小集和學校合作《歸越情》，所以學校、劇團就慢慢開始走創新的路子。

我們編演新戲，就是想吸引新觀眾走進劇場，當他們看了新的想要了解什麼是舊的，他們就會去傳統劇場像國軍文藝中心，看你演傳統戲，就可以引導他們喜歡戲曲。我們那個年代的大學生很喜歡看戲，很多人跟我們一起成長，共同成長（笑）。雅音小集對傳統戲觀眾的培養也有很大的貢獻，因為我們一年一檔新戲，所以他們會看我們其他時候在哪裡唱傳統戲，就跟著到哪，打聽我們的演出訊息，造成了一種氣勢，期盼你的演出，觀眾熱情來看戲，現在已經沒這種盛況了。

我很多歌仔戲的學生會看京劇，因為我在歌仔戲科教戲，第一期的都是我的學生，小生的扇子、腳步、水袖等等，教了他們三年。我跟著黃香蓮歌仔戲團去巡演，發現他們韌性很強，即使條件差，但是都很認命。到花東演日場戲時，演得很隨意，有點胡鬧地亂整，希望他們隨性隨意但不隨便。以前野台戲都台上見，為了精緻化，訂定了開演前三小時一定要綵

排的規定。

問：請問您在京崑的學習中，認爲崑曲與京劇有什麼不同？在學習上有什麼困難？在表演講求上有何不同？您認爲學習的困難點在？

曹：我學了崑曲之後，把它很多東西揉到京劇裡面，尤其是我在唱文生的時候。早期唱文生沒那麼雅緻，尤其扇子方面應用得沒那麼講究，後來我學了崑曲之後，我就在意扇子的用法，怎麼打開、怎麼折收，跟人物的情緒就比較契合了，不像以前演京劇拿著扇子就只是一些強調的動作，沒有讓扇子成爲內心外化出來的情緒的延伸。扇子在舞台上是沒有扇子的功能的，是延續人物的情緒，扇子的變換代表著人物的情緒也在變換。水袖也是一種內心情緒外化的延伸，扇子也是一樣，在崑曲裡情緒的延伸是更講究，很吸引人，是一種藝術，所以我稱它爲崑曲的扇子藝術，對我來說影響非常大，這點讓我覺得崑曲讓我受益良多，也因此讓我的團員要京崑兩門抱。

從京劇的根底去學習崑曲的優點，崑曲是百戲之母，重新再去吸收一些東西，對我們來說是無形中一種提升，我們京劇有時候動很誇張，可是靜不下來，但崑曲就是靜的表演藝術，其實，「靜」是很難的。主要是他的詞句太雅了，一般人不能懂的時候，可能透過身段，就可以知道他想敘述些什麼，身段幫助你去了解詞意，所以崑劇的身段是很細膩的，細膩到是你內心外化的一種展現。京劇的詞比較通俗，因此它不需要什麼身段去表現，它一唱大家都知道，所以它的身段就很簡化，比較著重在唱腔的功底上，唱得好大家就給你叫好。崑曲不要你叫好，它要你回味，從視覺、聽覺上就是在追求「雅」字。這些對我們京劇演員來說是可以學以致用的，在表演上可以多元化，人物體驗更深層。以前我們就是講究表象，對人物的內在理解還不夠，崑曲對人物內在的刻劃是非常細膩的。

我個人覺得隔行如隔山，一個京胡、一個笛子，京劇講究力道、英姿煥發、挺拔、高亮；崑曲要雅、婉轉、小腔很多。其間的調整，花很多時間。觀眾給我們一句話，「你唱的是京崑」，京劇演員唱崑曲嘛，崑曲老師對我們的要求就不會那麼嚴格，有京味的崑曲嘛。我們沒有辦法把京劇的東西放掉完全唱崑曲，京劇的功底會回來，而且京劇是常演的，崑曲是偶爾去演的。難就難在這裡，你是客串性地演，你是偶爾地演，你不是長時間地演，你就沒辦法去掌握崑曲的精髓。但你演到一個程度，大家就會說

「不錯不錯」了，可是他們不會說演得「好」。但我可以接受這樣的批評，因為這不是我的專長、只是嘗試，不一定好，表現有限。

問：是什麼支撐您在本身的團務安排、練功、上課外，又再參加外團演出，並配合學習新戲碼（僅論傳統折子戲）？

曹：當團長的時候要犧牲家庭時間，幸好小孩長大、孫子還沒出生、萬老師又上課，所以我可以全力當團長，等於把整個人都給了這個團。首先就要培植團員，我推的戲我都不演主角，讓新一輩的有比較多舞台機會。接著，有陣子我覺得我學的不夠，民國八十年，我五十幾歲時，考進空中大學，週一到五早上五六點看電視、週末去上課，這七年我紮紮實實地修了一百二十八個學分，從來沒缺過課，還當了空大國劇社的指導老師。我讀的是人文學系，希望能從文學中，看到一些歷史、戲劇的背景，因為我在這方面學識不足。

問：請問您的專場劇目如何決定？

曹：很感謝林谷芳老師給我辦了這場「永遠的京劇小生」專場，很感激他，在2010年時演出。我這四齣戲都有我的內心想法和演出的主要原因，我沒有唱多大的戲，這四齣戲代表我心裡頭的一些想法，過去、現在對我的影響，對我來說很重要。

　　《小宴》（即《呂布與貂嬋》），這戲是我民國五十一年有個文化單位請我們學校到美國巡演的其中一齣，名字是「英雄與美人」，我就演後呂布、前呂布是張復建演的。我演《小宴》是要表示我演這齣戲時我的視野被打開，走到了國際舞台。

　　《陸文龍》是我人生中最大的轉捩點（詳見「請問您的戲曲『備位人生』」答），對自己開始產生自信，原來我也能文能武，所以我稱自己是備位人生。

　　《羅成叫關》是我一生中最喜歡的小生唱腔戲，唱二黃、嗩吶、二六，也有娃娃調。我在干城國劇隊的時候，因為《羅成叫關》而很受重視。他們每次在臺北輪檔公演時，都會貼演《羅成叫關》。

　　吹腔《奇雙會‧寫狀》，也是我一生中最喜歡的戲，這齣戲是跟盧智老師學的，我那時候跑去中山堂利用他午休的時候跟他學，每天都學一點，是自己在外面學的、在學校裡沒機會學這戲，我還沒唱他就往生了，他很用心、認真教我這齣戲，可是沒有機會唱，這事一直擱在心上，為了

紀念他，我想說何不就唱這齣戲？爲了紀念老師，我就留著最後一齣戲唱，林谷芳老師特邀張志紅來合演〈寫狀〉。

問：請問您對小生行當的看法。

曹：小生可以演人生百態，老生不行，老生戴上髯口就永遠道貌岸然，永遠是好人。小生有負心漢、薄情郎、淪落的、才子等等什麼都可以演，而且小生演壞人，與生俱來的壞、環境逼使的壞、萬般無奈的壞，所以我覺得小生可以給你一種「知人知面不知心」的表演藝術，可以發揮演技。看你的臉，又不知道你在想什麼，反映了一種社會的現象，社會上有些人就這樣。所以爲什麼後來有些劇作家那麼喜歡寫小生戲，因爲有衝擊性、有挑戰性。

看完我演的《花嫁巫娘》後，胡疊說：「我很喜歡聽老生，我不喜歡聽小生唱腔，大陸的小生唱腔我聽了怪怪的，可是曹老師我聽了你兩天的唱腔後，我覺得你的嗓子眞好聽，好像小生就是要這樣唱，你讓我對小生的聽覺感觀整個改變，原來小生也可以這樣唱。」，雖然我在這齣戲裡戲份不多，她說：「老師你不搶戲但搶眼。」聽她的稱讚我很高興，因爲我在小生這門藝術中，花了很多心力去揣摩如何表演，尤其是在新編戲裡。

讓我想到我小時候學戲，很早之前老師就問我：「你爲什麼不學葉派？不學葉派學什麼派？」我從很小的時候就有叛逆心，我說我也沒有看過他，我也不知道他長什麼樣，我跟他又不像，我就好好發揮自己的長處就好了。我尊重老師的教法，你怎麼教我怎麼唱，但我將來要走我自己的路子。

畢業後，我很多同學都去香港拍電影，有次我和王復蓉回香港演《紅娘》，我同學就找了嘉禾電影公司的羅維導演來看戲，羅維看完就要跟我簽約，要我留在香港拍電影，要把我捧紅。我就去片場看了看，看完了我就回來了，因爲我就不喜歡那個環境。其中最重要的關鍵是：自從我唱了《陸文龍》之後，學校老師們就花了很多心力栽培我，我快畢業的時候，老師就跟我說：「曹復永，你將來離開學校的時候，很可能有其他的職業會找你，也許會影響你，可是呢，你是我們培養出來的第一個小生，你放眼看現在小生除了劉玉麟老師沒人啦，你自己思考一下，我們希望你能留在京劇行裡。像劉老師一樣，好好地把小生往下走。」因爲我眞把這席話放在心上，我那時候想說要是同學們都去拍電影，京劇就沒人了，所以當

時我就回來了。當時回來也是很辛苦的，也不是回來就都行的，但我也是很認真地在劇團裡。後來成立了中視，拍武俠連續劇，製作人翟瑞瀝找我和康凱去選男主角，華視總經理謝又華（前社教司司長）也找我去，但我都拒絕了，因為我知道我拍電影或拍電視劇，一熬夜，嗓子就完了，也很可能會抽菸，想想我就放棄了。我就心甘情願待在戲曲界。

我這一生很尊師重道，很感恩以前的老師——張鳴福老師，張鳴福老師是教老生的，他打老生組打得很慘，他好像從我小時就在觀察我，他大概看我是塊小生的料，我去他那兒上課時從來沒打過我，那時候學的是《黃金台》田法章。我民國五十三年畢業後，民國五十五年在干城當兵，民國五十七年退伍後回復興京劇團服務，民國六十一年起兼職陸光，因為很缺小生，陸光那時候有周正榮老師、張正芬老師、馬維勝老師、吳劍虹老師。張鳴福老師剛好從泰國回來，就跟周正榮說：「這孩子還是塊料，好好培植他，他正在這個年紀，不要讓他有轉行的念頭。」周正榮老師就記得了這話，所以我在陸光就跟他學了《打金枝》（即《富貴壽考》），後來老師讓我唱全本《群英會》周瑜，為了培植我，周老師就跟隊長說要讓我唱巡迴勞軍三十六場，這三十六場是要磨練曹復永，所有老師陪我一個人唱！李環春老師、馬維勝老師、吳劍虹老師（蔣幹）、周正榮老師（張允）、楊傳英老師（孔明），就陪我巡演，我每一場唱下來都被罵：「你看看你，我們那麼使勁陪你唱。」沒辦法，害怕。沒辦法適應跟老師唱戲，都還是中規中矩的，「放下學生樣，你現在是演員。要自然，你在台上很僵硬。」真的，圈子走很大，老師就說：「你圈子走這麼大，我魯肅圈子要走更大，你把我累死啊？」經過這三十六場後，老師們就覺得我還不錯，所以就讓我在國軍文藝中心的對外公演上演出這齣戲。他就打電話給張鳴福老師說：「曹復永要演《群英會》，你要不要回來看？」後來張老師就買了張機票回來看，看完就到後台去謝謝周正榮對我的照顧。所以我就很感謝，很多老師給了我希望，我必須要把老師給我的希望傳下去。仔細想想，我這一路走來有很多貴人，雖然辛苦，但給了我很多鼓勵。所以我也會跟學生說要尊師重道，老師們說的話，總有一天對我們是有幫助的。

問：請問您的戲曲「備位人生」。

曹：我的一生就是備位人生，我從 B 組裡體會很多。

《陸文龍》是我人生中最大的轉捩點，我不會說國語，所以在劇校的

時候老師也不怎麼教我，我們那時候就被叫「爛銅爛鐵」。我自己很喜歡雙槍，可是我沒機會唱《陸文龍》，只唱過後面的《王佐斷臂》，前面的《車輪戰》輪不到我。我很喜歡，可是白天也不敢練，白天練會被別人笑，「又不是你唱你來練這個幹什麼？」，而且我們學校很小，白天不可能有空地給你練的。後來我就利用晚上十二點以後、大家都睡著了，我就偷偷起來練私功，有同學晚上看到了還以為鬧鬼，後來就知道是我在那兒練私功。後來這齣戲要對外公演，本來是張復建要演陸文龍，可是後來沒談好他就被他爸媽帶走了，但已經公布訊息、售票了不能開天窗，是我的同學們跟老師說曹復永偷偷練《陸文龍》，老師就把我叫去，我就把我平常偷學的演出來，老師們說「那就是你了！」，在那之後就給我加工，我那戲當時不是很成熟，緊鑼密鼓地練，從《車輪戰》到《王佐斷臂》，這下學校就放心了。

　　第二個備位人生是郭小莊找我去當雅音小集的男主角，第三個備位人生是鍾團長編的《羅生門》，還有一個備位人生是跟王海玲的《花嫁巫娘》。

　　蘭庭崑劇團的團長朱惠良找我去演 2006 年的創團戲《獅吼記》，A 組是溫宇航和王志萍，B 組是朱惠良、我和朱勝麗，本來找我演〈遊春、跪池〉、朱惠良演〈梳妝、夢悟〉，但籌備到一半，朱惠良就被找去當台北市文化局長，所以我說我這是 B 組的備位人生。

問：請分享「學不等於會，會不等於對，對不等於好，好不等於精，精益求精。」戲曲觀。

曹：這是我們學戲的五個階段，就跟我學崑曲很像，學不等於會、會不等於對，我現在還停留在「對」的上面，學對了，但唱不好，戲是一種自然的流露。在教學的過程中，學生們「學」的時候看懂了，可是一個人表演的時候他不會了，要他做的時候他說他不會。之後他說他會了，可是他不見得做對了，你只是學會了、你沒有唱對了，必須能夠掌握字、腔，這就是「會」跟「對」之間最大的差距，包括味、頓音在哪裡、氣口在哪裡、行腔在哪裡、美在哪裡，沒有這些你不會唱「對」。會了要如何「對」，「好」的時候那神情要出來了，唱得到位、唱得更美、跟肢體揉合在一起、更有情緒。對了之後還要「好」，「好」只是好演員，要模仿老師、演得自然。好之後還要成「精」，你要有自己的創意、領悟力、修為，那才是藝術家，美就是要自然、隨心所欲。走自己的路，有自己的創作，最重要的是你自

　　己的修爲、修養，這是一個藝術家必須具備的條件。就像歌星，從來不會模仿別人，那會被稱爲模仿秀，你再不好聽也要唱出自己的味道。最重要的還是學以致用、溫故知新，雖然當下可能不明白，可是有一天你想通了，你可能挖掘出了不同的意境在裡面。靠自己改變，在意觀眾、口耳相傳、敬業樂群。

附錄十七：陳長燕訪談稿

　　陳長燕，國光藝校國劇科五期生，工青衣花旦，師從劉鳴寶、畢正琳、胡陸蕙及王鳳雲等老師。畢業於中國文化大學戲劇系國劇組，現為國光劇團青年旦角演員。參與臺灣崑劇團、蘭庭崑劇團，師從龔世葵、王奉梅、蔡瑤銑、周雪雯、張毓文等名家。

　　訪談時間：西元 2014 年 1 月 20 日上午 9：50
　　訪談地點：木柵戲曲學院國光劇團排練場

問：開蒙戲為何戲？

陳：學過《天官賜福》，算開蒙戲，由張鳴福老師教，那時我演織女，詞兒很少，只是要唱很多曲牌。也學〈水鬥〉，小時候學校特別開設一門曲牌課，不針對某齣特定的戲學，而是各種曲牌都學，然後排戲時，若需要就不必再特別學了，老師一說我們就知道了。

　　開蒙戲那時候很多人一起演《五花洞》，因為旦角很多嘛，真的潘金蓮四個、假的潘金蓮四個，一堆，因為學生的時候旦角很多，可以全部都上台——踩著蹺、練基本功、念京白，一起念、一起唱。是劉鳴寶老師教的，她本身是花旦的老師。一開始所有的人都要練蹺功，分科後只有武旦組要踩蹺，青衣花旦是一起上課的，青衣老師上課的時候不踩蹺、花旦老師上課的時候才踩蹺。

問：請問您什麼時候開始接觸崑曲？學崑曲的目的為何？何時開始大量學習崑曲？

陳：我讀大學的時候，剛好崑曲傳習計畫開課，時間是星期六，但我不記得是第幾屆，因為不是正式學員，曾經去旁聽過一兩次〈遊園〉。因為聽前

輩演員說過：「學崑曲對京劇有幫助」，就去接觸看看，是跟老師聊天時知道崑曲傳習的訊息。我還記得就在對面大樓的二樓上課（指戲曲學院學藝樓），因爲是我們以前上課的教室，所以我很熟悉這個環境。但因爲大學課業較忙，主要在陽明山活動，木柵距離遠，加上學崑曲得看工尺譜，簡譜也看不懂，好難都跟不上大家。覺得學員們很厲害看得懂譜，參加的又以曲友爲主，都不認識，後來就專注於課業沒去了。

再度接觸崑曲是我大學畢業後進國光劇團，民國九十一年加入了臺崑。那時臺崑請龔世葵老師教我戲，很倉促地學了〈斷橋〉，我學的是白蛇。那時的青蛇是三軍劇校合併成國光藝校第一期的武旦彭湘時，現在已經轉做國光的行政了，許仙是大鵬的古中樑，因爲高蕙蘭老師跟華文漪老師合作過，所以他很早以前就接觸過崑曲，現在已經離開劇團了。那時候因爲趕著演出，演出前一個月才通知，國光下班後就跟彭湘時兩個人去宿舍找龔老師學戲，糊里糊塗地就學了，當時也沒有自己的想法或思考，就是盡力學下來。那時剛進劇團，臺崑派了我戲就去演，也不知道派我戲的契機是什麼。拍曲兩次後就說身上了，回去自己複習自己背，這麼趕的原因主要是進劇團後以京劇演出爲主，劇團有很多團裡的行程跟演出要排練，所以能去找崑曲老師上課的時間很有限。像臺崑請了老師來就力邀我們去上課，可是因爲白天要在劇團上班、排戲，所以找崑曲老師上課的時間很壓縮，只能課後自己回去入腦、背，下次上課就要排身段，然後就要上台演了，都處在很急的狀態。反正就是用任何方法、不擇手段地把戲背起來。那時劇團的姐姐們聽說我沒學過崑曲還接了這麼趕的戲，都爲我捏了把冷汗，不過那時年輕、記憶力好，當時並不覺得很困難，雖然沒辦法立即內化成自己的東西，可是老師說了什麼你就是把它記住、把它全部走出來，把它很快地學完也就演了，換作是現在的我也不敢接這麼緊急的戲了。

問：請問您崑曲學過哪些劇目？如何決定學習的劇目？向哪些老師學習哪些戲？學習的心得爲何？您喜愛的崑曲劇目爲何？您演來得心應手的角色爲何人？

陳：第二次學崑曲是跟唱閨門旦的王奉梅老師學〈遊園〉的杜麗娘，這次學戲的時間雖然也不長，從知道到演也只有一個月的時間。但是因爲王奉梅老師到團裡來上課，我們國光的旦角可以在上班時間上課，學戲的時間就

比較充裕，就在那次打下了比較深的崑曲基礎，很細膩地幫我們說了唱和身上，一招一式慢慢地教，也對摺扇用法有更多認識。那時候一起學戲的還有很多前輩的姐姐們，因為姐姐們已經接觸過崑曲，給予不太了解的我很多幫助。當時可能臺崑跟國光有合作，就不是用很少、很薄有的時間，而是很長時間的上課，印象就比較深刻，當時一起學戲的有陳美蘭、彭湘時、陳麗如（編按：陳秉蓁本名）等，我當時就是跟陳麗如在臺崑演〈遊園〉。

有次國光請了蔡瑤銑老師教〈驚夢〉，教到上花神的地方，因為後面要跟小生搭配，但沒有小生就沒教完，主要是教前面閨門旦的部分，【山坡羊】的唱腔和身段，這齣戲沒演。我跟龔世葵老師、王奉梅老師、蔡瑤銑老師學戲，都是在我剛進團的前三年，那時候對崑曲還沒很開竅，而且也不太認識崑曲的前輩，都是事後才知道原來當初曾經跟那麼有名的崑曲老師學過戲。

跟周雪雯老師學的時間最長，密集地學了不少齣戲，像〈思凡〉、〈下山〉、〈拜月〉、《連環記・小宴》、《長生殿・小宴》、《玉簪記・琴挑、問病、偷詩、秋江》、〈斷橋〉、《牡丹亭・遊園、驚夢、尋夢》。

近幾年國光透過宇航請了張毓文老師教崑曲，跟著大家一起學了《西廂記・長亭》、《荊釵記・雕窗》、〈昭君出塞〉、《南柯夢・瑤台》、《漁家樂・刺梁》、《鐵冠圖・刺虎》、《雷峰塔・斷橋》，最後再挑演員在張毓文老師專場上演出。老師來臺的時間也不長，但她會在今年來臺的時候，就把明年要教的戲錄音給你，你就可以回去聽，自己先把唱練起來。

問：您常演的崑曲劇目為何？

陳：我學的戲大部分都是為演出學的，因為有演出壓力，所以學的時候都特別認真。大部分的戲就演那麼一次，只有（周）雪雯老師教的〈思凡〉、〈下山〉這齣戲演了很多次，兩年演了四五次，是我實踐次數最多的崑曲劇目。一開始沒因為它是獨角戲而覺得難演，只是當作練功，而且當時體力、記憶力都好，認識也不是那麼深，所以不知道它的難度在哪裡，加上剛入門就什麼都去學。漸漸地，演多了就比較能夠對角色人物有更多的體悟，剛開始就這麼演，演到後來才知道這小尼姑的心情轉折是怎麼樣，以現代人的觀點會想怎麼會這麼小就出家啊！會有那種嚮往外頭的心情，演到後來就可以慢慢理解到這角色的性格和感覺，可以檢討自己哪裡做得不夠好、哪裡情感不夠飽滿，也能掌握到哪裡是能表現的地方、哪裡是能偷氣的地

方，所以演到最後也不覺得累了（笑），動作也比較得心應手些。

其實《西廂記・長亭》也演滿多次的，因爲演全本的《西廂記》的時候，楊利娟楊姐的紅娘、宇航的小生、我的鶯鶯，也去大陸演過，臺灣也演過兩次，所以《西廂記》演滿多次的。〈遊園〉也演滿多次的，我第一次演的是王（奉梅）老師的版本，之後演就都是（周）雪雯老師的版本了。

問：本身的行當與崑曲劇目學習的行當是否有關聯或影響？

陳：其實不會，老師教的戲我都會學，但崑曲的戲我還是都唱閨門旦，近幾年的學習也以唱功戲爲主。說眞的，其他行當的戲不太怎麼演，看劇團的安排。

問：請問您在京崑的學習中，認爲崑曲與京劇有什麼不同？在表演講求上有何不同？

陳：崑曲是很細膩的，在情感、表情、走位上都很要求，有時候你覺得只是個過渡而已，老師就會一直講、一直講要看哪裡、看哪裡，尤其是精準度，要做到像是復刻版才行！相較之下京劇就走比較大氣的路線，對表情、眼神情感的流露沒有要求到那麼細膩，京劇的唱也是比較講究口傳心授的，不像崑曲有譜可依，還有派別的區分，是很講獨門的。

雖然崑曲要求高低音間的音域起伏很寬，上下很大，但對我來說不是很大的問題，我的嗓音還滿寬的，對我來說不太難。只是京劇的發音位置比較高，崑曲的發音位置比較低，不過學久了，就慢慢漸入佳境、慢慢習慣它了，就不會覺得沒辦法或不好掌控。但高低音間要維持同樣的音量比較難，要把低音掌控好不然就會唱得很小聲，像宇航的低音就很渾厚、聲音也很大，可是我唱低音的時候就沒辦法很大聲，不曉得是我個人條件還是男女性別的問題？但現在劇場有麥克風，所以觀眾可能聽得不是那麼明顯，但演員自己在練習的時候，會發現低音沒辦法掌控得很好，會更加自我要求維持高低音有相同的音量。

像〈斷橋〉是京崑都有的，演出大綱是相同的，光唱和念白就差非常多，身段、走位都不一樣，像重新來過、重背一齣戲一樣。情感是一樣的，但詞不一樣，需要花時間練習，並不是十分容易上手的。崑版走三插花，是每個人都走完整的8字，青蛇、白蛇都要唱，可是京劇沒有，京版是一個過位後一扯兩扯，只有青蛇唱要殺許仙。京劇的話它的節奏很快，青蛇很憤怒、唱的是流水；崑版是「有聲皆歌、無動不舞」，邊跑、邊唱、邊

舞，如果光在唱沒有身段就沒意思了。

舞台上的演出是很看演員狀況的，他可能突然有個感覺，可能當下覺得這邊要更嬌羞或更開心，可能就會跟上次演得有點不太一樣。戲是滿活的，所以我覺得戲就是每個人都可以演，只是每個人演出來的感覺不太一樣，體會也不一樣，每個人想詮釋的感覺也不一樣，這也就是藝術，我覺得沒有對錯。

問：在學習上有什麼困難？您認為京劇演員在學習及演出崑曲的挑戰為何？

陳：困難點是說你要重新去嘗試另外一樣東西，好像從 0 開始學習，倒沒有說跟我原本的京劇有什麼衝突。唱念一定從 0 開始學，因為咬字、吐字是不太一樣的，尖字比較多，有些字京劇不需要念入聲字所以要記住，像一般的「般」字念法跟平常不同要念ㄅㄨㄢ，字音字型都跟京劇不同。可是學身段、記身段會很快，這對我們京劇演員來說不難。可是崑劇講究走到位、唱到位，所以唱到哪個字的時候，要走到哪個位置、要跑到哪個位置，甚至要站在哪個位置上，眼睛要看到哪個點、手要抬到哪裡都是有要求的，這就要硬記、死記。這樣的要求，以精準度而言，跟京劇有一點落差。會有這樣的差異是因為，京劇講求口傳心授，加上每個老師有他自己的風格、他自己的模式，或是他的老師當時是這樣教他但在成為成熟演員後他改成另一種身段，意思沒變、改了一下，在這方面京劇就沒有那麼要求要像崑曲一樣是「復刻版」。

尤其是南崑，對咬字是更加要求，講究入聲字、尖團字等等，對我們來說學崑曲的挑戰就是要分辨崑曲與京劇的不同，不然人家就覺得你京不京、崑不崑。

問：學了南北派崑曲後，是否對京劇技藝產生幫助？

陳：崑劇是很講究的，整個姿態，你的腰、頭、眼睛擺的位置都很要求、很仔細，雖然當時可能沒達到老師的要求，可是能夠很明顯地感受到跟京劇好不一樣，京劇要唱就唱，動作也算乾淨俐落。像腰，崑曲要用到柳葉、柳線型的，京劇就比較端莊的感覺，所以一學崑曲的時候，老師就在掰，說「你的腰、你的身上、你的肩膀、你的手、你的頭」，你就覺得：哇，要記的東西好多喔。一開始不太習慣被這麼要求，但習慣後，就化成我自己的技藝，在某些時候對京劇的姿態和姿勢是有幫助的，比如演京劇穿上古裝的時候，腰的身段就運用上了，觀眾就看得出來線條的感覺不一樣，

因為平常京劇紮大靠、穿蟒什麼的是看不到腰的。

我覺得南崑對情感的要求很細膩，尤其眼神，（周）雪雯老師本身教閨門旦的東西居多，對閨門旦的東西很要求，所以我閨門旦的東西都是雪雯老師給我打的基礎，不論是唱念、身段、眼神、姿態等都很要求。北崑就跟京劇比較接近，而且（張）毓文老師本身的長項是刀馬旦，是比較大氣、大方的東西，她的教學方式也比較接近我們京劇老師的教學方式，唱也比較高昂，不能說學得比較輕鬆，但對我來說比較熟悉。不論是南崑或北崑我都滿喜歡的，但看我要唱什麼行當，如果我今天要唱閨門旦，我就比較會用雪雯老師的東西，因為比較細膩、比較情感上的交流，像去年（2013年）演《范蠡與西施》，我就可以拿來用；但如果我今天要唱情緒比較高亢的戲，我就比較會用毓文老師的東西。像〈斷橋〉這戲我也跟雪雯老師和毓文老師學過，南崑和北崑的表達方式就很不一樣，南崑很重視跟小生的交流，纏綿不斷，唱也比較舒緩、柔順，北崑唱得較高昂，就跟京劇的〈斷橋〉很像，而且高昂地唱，你的身段也不可能軟趴趴地做，你一定也是硬起來。因為風格的不同，詮釋出的白蛇也不同，跟京劇的派別戲不同，很獨門的，像四大名旦各有各的代表戲，別人如果唱他的戲，就沒有他唱得好，比如《鳳還巢》是梅派戲，張派來唱就怪怪的，張派的《望江亭》，梅派就唱不贏他，怎麼唱都不適合。不過，崑曲中同一齣戲有不同的風格，我覺得是吸引的觀眾群不一樣的緣故。

我也不會覺得四功五法、圓場、變花樣可以從崑曲拿過來，因為京劇裡本身就有這些，那個京劇太豐富了，倒不會覺得需要拿過來借用。京劇跟崑曲一樣講究唱念作表，不過京劇在道具的應用上不像崑曲這麼豐富，道具在京劇來說就是表達人物和他的造型、場景，功能性比較強，比較少拿來變化什麼，但在崑曲還能表達抽象的心境、情境。學崑曲的時候，能把水袖、雲帚、團扇、摺扇等等借物抒情的動作學了，不同的拿法、指法、用法，並在之後應用到京劇表演中，讓我的表演更加豐富。

問：是什麼支撐您在本身的團務安排、練功、上課外，又再參加外團演出，並配合學習新戲碼（僅論傳統折子戲）？

陳：想想崑曲也學了十多年了，但一直都是糊里糊塗學的，因為我是國光的團員，時間的安排上是比較機動的，要先配合團務，比較沒辦法做太久遠以後的規劃。剛開始接觸崑曲是因為我那時才剛從學校畢業，還是像學生

時代，聽到找我演出就不假思索地接下來，這種情況就週而復始地重覆：來劇團上班、參與排練，最近剛好得空又剛好有老師來就趕快去上課，但如果最近在團裡有主戲我們也會去上課，只是心思就比較不會在這上面，會用心準備劇團要演出的戲。說糊里糊塗是因為現在想想會覺得：當初是怎麼過來的呀？又學這個戲，又演這個戲，糊里糊塗地就這樣過來啦。不只是沒有時間自己找老師學戲，而是沒有時間去想這件事情。（笑）

學崑曲到現在一晃眼也十多年了，剛開始的出發點只是好學，希望多學點東西讓自己的路更寬。可以幫助京劇舞台上技藝的呈現，純粹想學另外一個劇種，看很多以前的演員，京崑不分家，同時都在演，多學一個就好像你多存一塊錢，就多了一個東西在你的口袋裡，很划算，而且拿起來就能用。心態上是多學了一齣戲，就多了一個玩意兒。學到後來已經有興趣了，近三四年還滿喜歡崑曲的，雖然還是覺得難，但已經慢慢可以掌握它有趣的地方。不像剛進團的前三年，老師教了什麼，你就是照著做，現在不會了，會把它化用到自己身上，也會思考，或是跟老師討論說這個動作做起來不好看、可不可以換成另一個動作，老師也會看你的條件調整。我想人都是一樣的，因為要演，才會認真學，因為有演出的壓力嘛（笑）。認真學了這麼多年，像在識譜上，從剛開始的不識譜到現在有一點的了解，也能欣賞不同老師在唱同一齣戲時的不同詮釋，身段的運用，覺得自己進步很多。這幾年認真學了這麼多戲，現在就會認真思考：有些戲花了時間學但只演一次，但你學的時候演和過了幾年現在再琢磨、再演之間的感覺就會不一樣，慢慢地希望有機會能把某些戲拿出來再演，給自己多一點的磨練。

問：獨角戲教學的選擇上，為何是〈思凡〉而不是〈尋夢〉？

陳：因為〈思凡〉具備了唱、念、身段，甚至於功法——四功五法，邊唱邊跑，身段比較繁複，很適合開蒙戲來練基本功、打基礎，也能學雲帚的運用。

附錄十八：洪惟助訪談稿^[註24]

洪惟助，曾為美國哈佛大學、科羅拉多大學訪問學者，巴黎第七大學客座教授，現為國立中央大學特聘教授，自 1992 年元月主持中央大學戲曲研究室至今，從事詞、曲、戲曲教學、研究四十餘年。曾主持「崑曲傳習計畫」、「崑曲辭典編纂計畫」、「台灣亂彈戲保存計畫」、「台灣北管崑腔調查研究」、「台灣崑曲活動史調查研究」、「桃園縣傳統戲曲及音樂調查研究」、「嘉義縣傳統戲曲及音樂調查研究」等計畫。2000 年創辦臺灣崑劇團，並任團長，製作 2005 年風華絕代、2006 年《風箏誤》、2007 年蝶夢蓬萊、2008 年美意嫻情、2009 年蘭谷名華、2010 年千里風雲會、2011 年西牆寄情、2012 年越中傳情、2013 年《范蠡與西施》等大型演出。

> 訪談時間：西元 2014 年 1 月 20 日下午 14：30
> 訪談地點：內湖洪老師家

問：請問您什麼時候開始接觸崑曲？是否學過崑曲？

洪：從小就喜歡文學和音樂、美術等藝術，父親什麼戲都看、還參與新港鳳儀社館閣十三腔（崑腔）活動，我小時候跟父親看南北管、跟祖母與母親看歌仔戲。考大學時看了文化大學校園立群山煙霧之中的招生廣告，就報考文化的中文系，成為他們的第一屆學生，那時候是民國五十二年。我很喜歡藝術，詩詞是跟音樂結合的，總要學音樂，不懂音樂研究詩詞曲是個缺憾。我在政大讀研究所時，盧元駿老師創辦政大崑曲社，不過我沒參加，

〔註24〕本訪談稿前半部經洪惟助老師指正，惟因老師業務繁忙，未能對後半部糾錯，為提供後來研究者參考，故仍以全文呈現。

因為我比較害羞，社團裡都是女生，加上社員很多。獨自去徐炎之老師家上了一年多的課，師母常教的十齣戲——所謂「張十齣」——我都學過，也學單獨的曲子，不只學唱曲，也吹笛子。

　　民國六十一年到中央大學教書，隔年就創了中央大學崑曲社，請徐炎之老師來指導，我接送老師上社課，我也在社課上學習，五年後結婚了，剛好老師也來一段時間了，跟學生們比較熟悉了，就改由學生接送了。中央大學崑曲社一直持續到民國七十八年為止，那時候社員有宋泮萍、黃國欽等。

問：請問您發起崑曲傳習計畫的始末、目標、願景與成就？

洪：民國七十年文建會成立，民國七十八年到香港看六大崑劇團的演出，民國七十九年賈馨園發起了上海崑曲之旅，十天看了八台戲，回程在機場候機時，我們討論：臺灣要繼續傳承崑曲，就由曾永義去爭取經費。於是西元 1991 年三月一日第一屆崑曲傳習計畫就正式開始，剛開始在舟山路的僑聯賓館（現為鹿鳴宴）上課，前三屆在中大校友會館（松山火車站附近）上課，後三屆借國光劇團排練室上課，一直到西元 2000 年十月結束。前三屆經費是每屆一百萬，後三屆每屆增加至兩百多萬，我們能在這麼有限的經費中，做推廣工作和專業訓練，影響深遠。

　　第一屆到第六屆前後共歷時十年，計畫實際上總共上了六年八個月，六期中一共傳承了四十幾折戲和《牡丹亭》、《爛柯山》兩個串本戲。開始時我的規劃是藝生班要辦六期、總共學一百多齣戲，每位學員身上至少有二十幾齣，但只辦三屆，目標沒有達成。

　　我們當時考量的有四點：一是學員在初學戲時適合什麼戲，二是請最好的老師，三是免費學戲，四是安排演出，使他們的學習成果可以在舞台上展現，也能增加舞台歷練。其實整個傳習計畫，對整個戲曲的研究——尤其是崑曲的研究也好，藝術的提升也好，都產生了非常大的影響。

問：如何決定邀請老師人選及戲碼？

洪：請來的老師以當時的崑劇演員為主，教的戲是我和助理們討論而得。有些是我們請來授課，其他單位像北藝大、藝專（現臺藝大）、水磨曲集就把他們請去上課，前三屆的老師我們安排他們到復興劇校教課，其他單位請來老師，我們也會請來上課。

　　我們從第四屆起，請老師來教戲是各角色都請來，包括笛、鼓。劇目的安排是看目前這個階段，學員們適合學什麼戲，我們就安排老師來教戲。像《牡丹亭》，請來的都是最好的老師，先是華文漪、後是張繼青。具體上了什麼課、請了哪些老師我要看資料才能說，因為請了四十幾位老師來，有的又來過兩三次，所以要再看資料確認。

問：推廣班與藝生班的發想。

洪：第一屆因為兩岸尚未開放，由曲友負責拍曲及教文武場樂器，像許聞佩、陳彬、周蕙蘋、蕭本耀等人，辦一年後休息半年結案並申請下屆的經費，在下屆上課前一個月開始招生，直到第四到六屆時才連續不斷。第二屆剛好華文漪、史潔華來臺演出，就請他們教，1992 年夏天，請了計鎮華、梁谷音、張靜嫻、侯少奎、顧兆琳等教戲，本來還想請張寄蝶，因為張寄蝶、梁谷音、侯少奎合演的《義俠記》是最棒的，但張寄蝶出不來了。這期間也請這些老師除了上課外也錄影說戲，到各大學辦講座推廣崑曲。當時第一批來的大陸老師來了一個半月。第三屆請來了王芝泉、蔡正仁、蔡瑤銑來教。

　　第四屆起辦了藝生班，希望訓練演員、推廣崑曲、認識崑曲，收小生、旦角、丑角演員，像高蕙蘭、孫麗虹、趙揚強都來上課。四到六屆在國光劇校上課，第四屆我們只有一半的時間有老師，第五、六屆我們差不多就是一年十二個月都有老師。同時，第四屆開始，為培養能整台戲從演員到文武場等笛、鼓、下手等專業人才，就招了演員班（小生、旦、丑）、樂隊班，並沿請顧兆琪、李小平、吳崇機等人來臺授課，臺灣的曲會目前還可以自行伴奏，大陸的曲會得聘請崑團的笛師來伴奏，如果預算不夠就只能乾唱。第五屆將行政院補助的藝生津貼加上累積至今的保證金，做為聘請更多師資廣開班級的經費，差不多多了一倍，這屆起收老生，也辦了唱曲藝生班，如果唱得好，以後也可以當拍先啊。第六屆時張繼青來了兩次，花了四個月把《牡丹亭》教完，〈遊園〉到〈離魂〉，其實是上本《牡丹亭》。

　　當時已辦了三屆曲友班，但因為每班人數非常多，上課時間只有週末短短的一個半小時，加上曲友們有正職、家庭等因素，無法培訓出可以上臺的演員，故而想推出學生較少、老師可以手把手教，學員以京劇演員為主，而且每週三個晚上密集上課的藝生班。藝生班的學員原來設想是優秀曲友及由京劇團推薦的年輕有潛力的京劇演員兩部分，生旦組共二十個名

額，曲友有四個名額，需經過考試篩選，當時小生班的曲友有楊汗如、林美惠、黃國欽、黃麗萍四人。丑角和老生班沒有曲友參加，小生班和旦角班一直有曲友。

問：崑曲傳習計畫學員來源？

洪：那時報禁剛解除，報紙版面就比較多了，就有了文化版，像聯合報的曹韻怡、民生報的紀慧玲都幫我們寫了很多文章宣傳。加上我們辦得也好，不論是方法或方向。那時候報名非常踴躍，有研究中文、音樂、舞蹈等的大學教授，中小學老師差不多就佔了兩成，他們回去後就可以影響他們週遭的師生，大學生和研究生佔了差不多一半，他們回去就會影響他們的同學嘛，還有有興趣的社會大眾，剛開辦時有一百多人報名。

問：國光劇團及復興京劇團對崑曲傳習計畫藝生班的態度？

洪：崑曲傳習計畫舉辦時，當時不論是國光或是復興的團長都對這活動非常支持，因為那些團長都是演員出身，知道我們這麼做是免費幫他們訓練演員、給他們演員學習和表現的機會。其實他們的演員在傳習計畫學習的劇目，也就變成他們團裡的劇目了。

問：請問您創辦臺灣崑劇團的始末？創團目的與宗旨？創團的願景？創團演出的劇目如何選擇？

洪：當時其實有點是順勢，因為崑曲傳習計畫沒有經費了，推動了十年有了些成果，不想放棄這十年的努力，且臺灣沒有專業崑劇團，如果成立了臺灣崑劇團，就可以延續崑曲傳習計畫。因此在西元 1999 年底登記成立臺崑，開始討論創團戲，當時的副團長是林清涼，在戲曲學院教燈光，首任兼職助理是林佩怡。2000 年創團至今（西元 2014 年）剛好十五年了，後期人力才比較充足，最後三年才有執行長、全職助理。

　　成立之初有三個目標：一是推廣崑曲，希望大家能夠欣賞、享受，這也能藉此提升藝術水準、人文水準、改善生活品質，而且喜歡崑曲後，也會引起他們認識其他劇種的動力，成為戲曲的忠實觀眾。二是提升京劇演員的演藝水準，當時我跟演員說過：「你演藝的進步，趕不上年齡的增加」，要想想四五十歲的自己。三是希望戲曲學術研究能注意舞台，戲曲是存活在舞台上的，不能只看劇本。所以我要學生懂戲、學唱，也去做田野調查。目前臺崑成立了十多年，當初預想的目標都達成了，加上這幾年劇團的運作比較困難，不單單是大陸劇團的老師難請，請國光、復興的團

員出來演戲、學戲也愈來愈困難，同時要辦一個劇團需要大筆經費，希望能找到大企業固定財力支持，是每年兩千萬的數字，而且年紀也大了，想把過去進行但尚未完成的研究盡快完成出版，所以今年（2014 年）辦完公演後就要解散了。

　　創團劇目選定當時演出效果最好的戲碼，或是剛學完的戲，創團演出為西元 2000 年一月在國光劇場，

問：團員有哪些？國內外固定合作演員為？

洪：團員除了當初參加崑曲傳習計畫的藝生班學員外，還有國光、復興兩團的新進團員，比如已經進團的臧其亮，還有兩千年進團的陳長燕、劉珈后，應該是在學生的時候沒時間、機會學崑曲吧，後來也吸收了很多年輕的，像陳麗如高中時就參加了。我其實比較關注業餘演員，因為京劇演員不是我們訓練出來的，我給予業餘演員更多的關心和栽培。一直都想培訓業餘演員，但曲友們受限於工作、家庭等外務，所以就沒進行了。

問：臺崑創辦至今邀過哪些老師來教哪些戲？如何決定人選及戲碼？

洪：傳習計劃的時候可以一年請十二個老師，但臺崑受限於經費，每年固定請老師來教戲一至兩次，戲碼的決定依據四點，一是針對演員的需要，對演員有幫助、可增加其功力的戲；二是戲本身很好，但大陸沒傳下來或不太演，我們來傳，像《荊釵記》北崑已經五十年不演了；三是戲很好，我們來整理、來演，因為有些劇本是京劇演員出身所編寫的，而且受限於演出時間要縮短內容；四是規劃公演要演的戲。

　　早期請南崑的老師來臺教戲，像上崑、浙崑、南京崑，近期透過溫宇航的引薦，請來了北崑的老師來臺教戲。這十年一共請了七八位老師，加上傳習計畫的四十幾位，一共五十幾位老師，整理了十一齣串本戲，製作了一齣新編戲《范蠡與西施》。因為數目龐大，所以詳細的戲碼、老師人選要看資料才能說。

　　演出的演員人選是看哪個演員適合演即將推出的戲，並且盡量照顧每個演員，這是我們的優點也是我們的缺點，像我們的成果發表會會讓每個演員都上去演，並不會只挑表現好的演員去演。演員們一開始亦步亦趨地學大陸老師，〇七年後就自己修編了《琵琶記》、《風箏誤》、《荊釵記》等戲。《風箏誤》是齣不挑演員的戲，誰演都好看，選了丁國良、周傳瑛的本，就稍微修改了以符合現代劇場的三小時演出。

問：請問您帶領臺崑或在哪些場合演出崑曲？國內或國外的邀約狀況如何？
在您參與崑曲推廣後，觀眾結構是否有所改變？

洪：臺崑早期演出多爲不售票演出，觀眾不多，僅做推廣而已，次數很少。
後來在一些人的建議下，西元 2005 年開始了對外售票演出，跟大陸演員
合演，如 2005 年風華絕代、2006 年《風箏誤》、2007 年蝶夢蓬萊、2008
年美意嫻情、2009 年蘭谷名華、2010 年千里風雲會、2011 年西牆寄情、
2012 年越中傳情、2013 年《范蠡與西施》。

　　曾赴大陸參加蘇州崑劇節，每兩屆去一次，第一屆（西元 2000 年）
推出兩晚的折子戲，因爲當時只學了折子戲，以我們演員哪幾個折子演得
比較好看，每晚演出四折，一共八折。第三屆（2006 年）在溫州演出《風
箏誤》。第五屆（2012 年）演出《西廂記》、《販馬記》。同時也赴日本與
宮崎縣民謠交流，去年（2013 年），赴上海、德國交流。

問：請問臺崑在推廣崑曲有哪些努力？成就如何？

洪：我們在各大專院校、中學及誠品敦南店舉辦崑曲推廣講座，也辦了推廣
班，唱曲身段班一開始是大陸老師來臺授課時，順帶開曲友班，近幾年覺
得臺灣京劇演員也可以教崑曲，才由楊利娟負責，笛子班則由副團長蕭本
耀負責。

問：國光劇團及復興京劇團對臺灣崑劇團借將的態度？

洪：他們不覺得這是在借將，因爲這些京劇演員的崑曲是我們訓練出來的，
我們只要事前跟他們團裡講好，他們就會盡量配合，對我們還滿優待的。

問：請問您認爲京劇演員演出崑曲與崑劇演員演出崑曲在表演上有何不同？

洪：因爲臺灣沒有崑劇科班演員，京劇演員學崑劇的優勢在於他們有幼功，
身上比較漂亮，缺點是但因爲京劇稍微比較硬一點、崑曲柔一點，顧篤璜
比喻過：「京劇像少林拳，崑曲像太極拳。」不只是身段，唱、念也是，
這是他們來學崑曲時要克服的東西，但他們學個兩三年也就可以改變了。
雖然他們的演出可能難免會帶一點京味，但我覺得這也沒什麼不好，就像
中國人穿西裝有什麼不一樣？只要好看就可以了，我覺得這也沒什麼缺
點。像俞振飛也是如此啊，拿京劇來豐富崑曲、拿崑曲去豐富京劇，講不
好聽就會變成他破壞了崑曲原來的東西。

問：是什麼支撐您在本身的學術工作外，又再擔任臺崑團長多年，推動京劇
　　演員學崑曲的風氣？

洪：這麼美好的藝術應該要在臺灣傳承下去，崑曲是百戲之母，像歌仔戲和
　　越劇的發展歷史及歷程很像，不過越劇吸收了崑曲後，便逐漸茁壯發展成
　　當今的盛況。而且可以提升臺灣整體的欣賞、演出、研究水準，這是一個
　　戲曲研究者該有的眼光。爲什麼從傳習計畫（1991 年）持續到現在（2014
　　年），當初是因爲我揹上了傳承的十字架，就一直揹下去，丟掉也很可惜，
　　不做下去就沒有了。不過已經做了二十五年，年紀到了，整個客觀情勢已
　　經不一樣了，任務也差不多完成了，再做下去也難有更多、更好的成果了，
　　故今年（2014 年），即將結束臺灣崑劇團。

附錄十九：王志萍訪談稿

　　王志萍，畢業於臺灣大學歷史系、美國堪薩斯大學藝術史研究所，現為國立臺灣藝術大學通識教育中心助理教授、中華花藝基金會教授。師從徐炎之、張善薌、周雪雯等老師。2005 年 5 月蘭庭崑劇團復團，任副團長，12 月改任團長迄今，企劃製作的作品有：2007「尋找遊園驚夢（古蹟版）」、2008「蘭庭六記──百變崑生」、2009 故宮新韻「明皇幸蜀圖──經典崑劇《長生殿》」、2010「遇見蘭庭──新古典崑劇《尋找遊園驚夢》（劇場版）」、2011 及 2012「蘭庭六記・崑旦的千種風情」、2013 小全本《玉簪記》，2011 年受中國文化部及北京市政府之邀，率團參加「紀念崑劇非遺十周年系列活動」展覽與演出，並親撰《曲韻蘭庭──崑曲藝術在台灣發展的軌跡、特色與現況》乙書。2007 年以「新古典崑劇《尋找遊園驚夢》（古蹟版）」演出 DVD 榮獲第 19 屆金曲獎傳統暨藝術類「最佳專輯製作人」。

　　　一訪時間：西元 2014 年 1 月 24 日下午 16：30
　　　二訪時間：西元 2014 年 2 月 7 日下午 16：00
　　　訪談地點：台北蘭庭崑劇團藝響空間

問：請問您什麼時候開始接觸崑曲？師從？

王：其實我從高中起就喜歡詩詞、音樂，那時候能接觸到的不外乎是古琴《陽關三疊》之類的曲子，想說詩歌既都是韻文，應該是可以吟唱的，甚至還自己譜了唐詩、宋詞、新詩來演唱，直到現在都還記得我譜的旋律，現在看來那有點接近南曲散板的形式。之後在圖書館找到《壬子曲譜》，也就是夏煥新老師、焦承允老師在《炎薌曲譜》後出版的第二本曲譜，我看到上面有很多不熟悉的符號就很疑惑，問了圖書館員後才知道這是崑曲的曲

譜，可是我讀北一女的時候崑曲社已經停社了，我就問我語文知識課（高中國文的輔助課）的老師可以上哪學崑曲，她想了想，就問我說：「你能考得上臺大嗎？臺大有崑曲社。」但我從小就喜歡文物書畫的藝術史研究，所以我的第一志願是歷史系，並未選擇中文系。

進入臺大後，並不是十分順利地進到崑曲社學習的，因為那正值崑曲社青黃不接的時候，花了個把月時間也找不到「崑曲社」這個社團。直到有一天，很偶然地在旁聽中文系的課時，在黑板上看到被擦掉一半的崑曲社招生資訊，只知道星期三晚上有社課，問了國樂社的學長才確定崑曲社確實還存在，我就在那個時間找了間距離社櫃最近的教室，在裡面等崑曲社的人，從七點一直等，碰到人就問他是不是崑曲社的，一直到九點才等到一位歷史系的學姐，她看了看我，就跟我說下週同一時間同一地點見。我隔週三再來的時候，一共有五位師長：徐（炎之）老師、徐師母（張善薌）、蕭本耀、張惠新和那位歷史系的學姐劉靜貞，因為我是自願加入的，所以老師和學長姐都傾力教我。還記得那天，徐老師拿了一把笛子送給我，這一拿就是三十五年，好似接下了傳承的棒子。之後從國劇社的學姊那兒接手崑曲社社長的位子，辦了很多活動聯繫社員感情，也積極在校內刊物投稿、拉攏新社員，鼎盛時期時曾有六十位社員呢！不過其中有些是名義上贊助我們社團的同學（如其他社的社長），一部份是與國劇社互相支援的社員；還有一部份是其他大專院校的同學，像銘傳商專的宋泮萍學姐那時候就是與臺大一起練崑曲的。因為我是歷史系的，所以那個時期還滿多歷史系的同學——尤其是研究藝術史的——加入，但我想中文系跟崑曲的淵源更深厚，就拜訪教戲曲史和崑曲的曾永義老師，請他讓我在他的課堂上宣傳與介紹崑曲，結果曾老師不但讓我在臺大的中文系宣傳，我還跟著老師到夜間部、東吳日夜間部等處宣傳，這也是為什麼我們社團有很多外校人士參加的原因之一。

徐老師主要教生旦戲，師母就教身段，師母教的身段非常繁複，像〈遊園〉裡的杜麗娘還要「臥魚」！兩岸開放跟大陸老師交流後，發現師母教的身段比傳字輩學的還早，是原汁原味的崑曲。徐老師也在文大國劇系、復興劇校、大鵬劇校教崑曲，那時候也教了徐露、郭小莊、徐中菲等京劇演員。徐老師對學生好，同時也對學生很嚴厲，只是比較可惜的是老師後來年紀比較大了，沒辦法一遍遍拍曲，所以就在教完後讓我們自己拍曲

唱，再由老師指正，此外，在徵得徐老師的同意下，就找了香港、大陸的錄音、錄像來參考。大師姐張惠新更是亦師亦友地傾囊相授，她和夫婿王希一都是出自曲學世家，對我的幫助極多！徐老師總是拎著一只很沉的皮箱、西裝筆挺地四處教崑曲，之後為了集結徐老師的學生，承繼徐老師在臺推動崑曲的工作，我們這一些直接授業於他的弟子們成立了「水磨曲集」，把老師在臺各大專院校的工作接續下來，並定期公演，初期都演師母教的戲。徐老師一生奉獻在臺推廣崑曲，因此曾獲得傳統藝術「薪傳獎」！

問：請談談當年賈馨園主辦的「崑曲之旅」。

王：成立水磨後，我們跟香港交流，邀請了俞振飛的入室弟子、航運鉅子顧鐵華來臺合演，就是從那次起，我們的崑曲表演就摻入了大陸系統。之後，我們就琢磨著要跟上海崑劇團交流，因為上崑的行當最為齊全，就由原本是唱京劇老生的票友、家裡是上海富商經營玻璃工業的賈馨園女士號召，由顧鐵華幫我們跟俞振飛大師聯絡，我們還跟上崑合演為俞老祝壽，由港、臺、美三地及上崑聯演（翻開《曲韻蘭庭——崑曲藝術在台灣發展的軌跡、特色與現況》頁14），這是我整理的書，記錄臺灣崑曲的多樣貌，這本來應該是由文化主管單位做的事，因我參與臺灣崑曲的時間較久，為配合2011年崑曲納入非遺十週年慶活動，我花了八個月時間把它整理出來了，好讓國際崑壇認知臺灣在崑曲推動的軌跡與現況。

　　與上海交流的活動由賈馨園負責活動統籌規劃、由我負責臺灣團員在上海的活動聯繫，因此在上海聯演與訪問的那幾天，有一位人士每天都到劇場來跟我咬耳朵，要我們別只待在上海，大陸有六個國家級劇團，力邀我們到蘇杭去看看，後來禁不住盛情邀約就安排了兩天到蘇杭。那位人士正是浙崑的汪世瑜團長！我們參觀了蘇州園林，還在蘇崑經營的餐廳吃飯，到杭州時，白天遊西湖、晚上還給我們安排了生旦戲的課。我在臺大當社長的時候，不管要公演的戲缺什麼角色，我都義不容辭接下任務，既演生也演旦，自己尤其喜歡崑生的戲，所以那時候我就跑去汪世瑜老師的生組上課，還記得那時候汪世瑜老師對我說：「我看了你在上海演的〈琴挑〉，你就是個標準閨門旦，旦組在那邊上課（手指王奉梅老師那兒）。在大陸學崑曲，行當和家門要顧守好。」不教我生的戲，對我來說是個震撼。其實有很多崑團的老師也在場，像張世錚老師和周雪雯老師都說他們在杭

州見過我，只是當時我還沒有印象。但是上海、蘇、杭之行，讓臺灣的崑友見識到大陸崑團的舞台造詣，同時臺灣曲友的審美欣賞崑劇的程度之高，也讓大陸演員們如獲知音，這一趟崑曲之旅可說是正式開啓了兩岸三地崑劇藝術的直接交流，相當具有歷史意義！

問：請問您創辦蘭庭崑劇團的始末？復團目的與宗旨？創團的願景？

王：當初是一個生──朱惠良，一個旦──我，和一把笛子──蕭本耀，三個人一起構想蘭庭崑劇團的。可是進行不到半年，朱惠良學姊就被延聘去當台北縣文化局長，所以就由我接手。之所以會找溫宇航老師來臺演出，其實是透過在美國的大師姐張惠新的緣故，她在美國跟溫宇航合作過，曾經把影片寄給我們看，最初只覺得他是個年輕小生。直到他來臺與我們排練《獅吼記》，才知道他在崑曲上的造詣與熱愛，也對他在美國堅守崑曲崗位，不改其志，深受感動！開啓了日後與溫老師的年年合作，宇航老師也因此成為蘭庭的榮譽駐團藝術家！

　　蘭庭復團的企圖有三個：整理傳統折子戲、擁有自己的小全本、讓臺灣在國際崑壇佔有一席地位。整理戲是想要把過去沿襲著演出的一些現在看來不合理或有待修編之處透過整編再創、將當代的生命情調注入其中，成就我們蘭庭自己的版本，像我們都會把劇本放在節目冊的後面。曾經有人問過我就這樣把劇本大喇喇地放在節目冊上，難道不怕被別人抄襲嗎？我不以為然，如果我都出版了，這樣不就成為他們抄襲的證據了嗎？同時蘭庭身為一個民間劇團，沒有能力經常搬演，透過出版文字影音出版品才能達到推廣傳播的效果。除了整編小全本，我也進行跨領域嘗試藝術對話的形式與非劇場空間的裝置演出，製作出具臺灣視角與風格的當代崑劇。

　　蘭庭從 2006 年創團至今，明年（2015 年）就要滿十年了，是時候該思考下個階段的任務了。現階段已整理出四齣小全本、傳承了傳統折子戲五十四折、定期有計畫地推廣崑曲舉辦講座及發行出版品，我們希望演員有最好的演出，所以演員只管學戲、排戲、演戲，行政工作由專職人員全力地配合推動。

問：復團演出的劇目如何選擇？演員如何決定？

王：蘭庭的前身是高蕙蘭女士的「蘭庭藝苑」，原本的成員是京的成份比較高，但高老師曾兩次與前上崑華文漪老師合作小全本《牡丹亭》與《釵頭鳳》。當我們重新登記再出發時，即更名為「蘭庭崑劇團」，以企製演出崑

劇為劇團目標。創團的劇目就十分重要，希望一炮能打響。找一齣可以讓大家在演出上比較能發揮的，是戲保人的，要結合京崑演員、拉攏京崑觀眾，很討喜的，因此選擇了《獅吼記》這齣戲。剛好跟周雪雯老師、張世錚老師談到我們的想法，他們正好有個本子的雛型，再聯絡了一個在浙江廣播電台的編劇，我們希望劇情能更符合現代的價值觀，不要像傳統的劇情處理是愚昧而不合時宜的。

原訂由朱惠良和曹復永演小生，曹老師一則他有興趣學崑劇、二則是他是臺灣梨園行的長青樹，能邀到他就太好了！但朱惠良接下來了台北縣的文化局長的工作無法演出。另一方面在張惠新學姐的引薦下，我們找到在紐約曲社教戲的原北崑演員溫宇航。因為溫宇航在美國，所以那時候的定裝照海報照片都是曹復永老師，旦角則是朱安麗（編按：朱勝麗本名）和我，我因為整理戲所以學了柳氏，而其中一場巡演因朱安麗要去荷蘭演出，因此我也主演過《獅吼記》。

當時決定好要找溫宇航來的時候，惠良學姐曾提議說是不是順便幫溫宇航做個專場，我當時回應：今天要做一個專業團隊，千萬不要演出雜七雜八的一堆東西，復團的第一個大戲，一定要全力投入，把第一個大戲作好、宣傳好，否則做「票房」就好了。要做正式的團隊，每一次的演出都要很正式，否則力道會不夠。不過我也答應溫宇航，等他確定可以來臺參與這檔演出的話，我之後的宣傳就會以他為主，會主打他吸引崑劇觀眾。等他一來，所有對外的記者會都是由溫宇航出席，這事我先跟曹復永老師說過，他欣然同意，曹老師的確是一個很有雅量的演員。

問：團員有哪些？國內外固定合作演員為？

王：蘭庭挑選合作的演員標準是比較成熟、可培育的專業京劇演員，以及少數幾位演出經驗豐富、唱曲精良的曲友合作。目前我們製作的《獅吼記》、《牡丹亭》、《長生殿》、《玉簪記》四檔戲每個角色都有兩到三組卡司來排戲，一方面是因為我們並沒有「養」團員，而是以製作核心制，因戲形成演員組合。公演時都得跟京劇團協調演員出借，二方面是未來如果要在其他場合演出這些戲，希望能夠隨時都有能演出的演員，三方面是希望能培養臺灣的京劇演員的崑曲演出能力。比如《獅吼記》的陳季常是溫宇航和曹復永、柳氏是朱安麗和我、琴操是陳長燕和劉珈后、蘇東坡則有鄒慈愛（編按：鄒昌慈本名）和盛鑑（編按：盛利鑑本名）。

　　跟溫宇航的合作是因為很難得看到那麼愛戲的演員，他平常閒暇時間也都會哼唱曲子，可以說是「曲不離口」的好演員。合作後發現他基本功好，對角色的鑽研很有自己的想法，你把角色給他，他會自己去把角色發揮到極限，會去開發、思考角色，是個成熟演員。加上崑曲不外是巾生和閨門旦的戲佔多數，巾生很重要的就是那一股書卷氣，宇航就散發那種書生氣息。那時候剛合作完《獅吼記》，我送他上飛機時就跟他說：你一定還會再回來的！我到現在都認為，我能為臺灣留下一位好的人才，與本土培養同等重要，一個好「角」，可不是說培養就自然形成的。我個人再有抱負也沒有能力一定能培養出好「角」，能夠發掘人才，甚至留住人才，是我盡力做到的，至於人才培育的百年大計，除了劇團實務訓練外，似乎應該更是文化教育部門責無旁貸的，不是嗎？

　　除此之外，做為一位製作人，我對演員的組合很挑，希望演員不管是嗓音或長相都好。加上我挑選演員的時候，會依據我們要推出的戲的角色適合哪位演員就找誰來學、來排、來演，因此除了臺灣演員，我也會找上紐約的溫宇航、南京的孔愛萍、香港的邢金沙…。像郭敏芳（編按：郭勝芳本名）的扮相、嗓音比較適合唱正旦，我就不會找她來演《牡丹亭》，但〈產子〉、〈描容別墳〉就會第一個想到她。曹復永是很認真的演員，雖然他的輩份已經很高了，但他每次演出不論大小場次都會提早半小時自行到場走位，讓我非常感動！

　　國內經常配合的資深團員，旦角有朱安麗、陳美蘭、楊莉娟（編按：楊利娟本名）、錢宇珊、陳長燕、劉珈后，生角有溫宇航、楊汗如、黃國欽，老生有鄒慈愛、盛鑑、張作楷、張化緯，老旦有羅慎貞、張化緯，丑角有劉稀榮、陳利昌、謝冠生、陳元鴻。同時，優勢資深京劇演員近年來也開始參與學習演出，如劉苑、王耀星，我們也培養年輕演員，找他們來學崑曲，像是國光的蔣孟純、戴心怡、張珈羚、凌嘉臨，還有兩個戲曲學院的大學生許立縈、黃若琳。我們希望透過以戲帶功的方式，培訓臺灣的京劇演員兼擅崑劇。

問：請問貴團的大型公演劇目、演員、師資如何決定？

王：二十多年前就開始跟一些大陸的老師接觸，但成立了蘭庭之後，我們需要借重大陸老師在舞台上的經驗。想對戲劇架構、人物鋪排重新調整，回到當初文人參與的那種情況，希望標榜出這是我們自己的演出。剛好周雪

雯老師和張世錚老師跟我們一樣也對整理新本子，也就是對做小全本有些想法，遂展開三方多次合作的開端。身段動作就由周雪雯老師負責，教旦的動作，以及跟生的配合。張世錚老師就負責新曲文的編腔，也因為張世錚老師從小跟著浙崑的水路班子到處演戲，是個活字典，台前台後都很熟悉，當主排極為合適！周雪雯老師是個想法很新的老師，相較之下張世錚老師就比較保守些，我們時常為了戲有所爭執、各不相讓，但老師都會跟我說：「志萍啊，我們兩個是為了『業務』吵架。」我是就事論事的人，有緣能跟兩位老師合作，而且共同的理想是想整理出短潔有力的小全本，爭執難免，演員調度上，我尊重他們，但故事舖陳及舞台整體展現上，還是以製作人的意志為主。

陸續合作了《獅吼記》、《長生殿》、《玉簪記》以及《蘭庭六記》的百變崑生系列。主演的演員方向，我會希望外來演員不要太多，希望以本土演員為主，我今天已經找了從美國來的溫宇航，如果再找紐約的錢熠、北京的魏春榮等，那我製作完這齣戲，他們走了，我們的戲也就沒了。我希望我們能把戲的根留在臺灣，這個戲的製作是在臺灣，它的很多的想法在臺灣，我可以用不同地方的人才來合作呈現它，但最終希望它的戲、它的核心是留在臺灣的。

《獅吼記》演出後，本來是想整理《連環記》的，場面不大，就是把幾個重要的場面挕在一塊，但只整理出〈拜月〉、〈小宴〉、〈大宴〉、〈梳妝擲戟〉。這說實在地只能說是折子戲不能說是小全本，共同敵人董卓一點戲都沒有，那大家為什麼要與他為敵呢？在準備申請的同時，有了《尋找遊園驚夢》的構想，以〈尋夢〉為主軸，把〈遊園驚夢〉貫穿其中，就也把它寫成了案子，跟《連環記》一起投。結果《連環記》上了、《尋找遊園驚夢》卻「摃龜（台語）」，但最終蘭庭還是放棄了《連環記》，因為它依然不夠成熟。後來《尋找遊園驚夢》的案子獲得台積心築藝術季的青睞，除了新竹場外，我們在台北華山推出了台北主場。那時找了溫宇航和楊汗如來演柳夢梅，溫宇航曾在紐約演過五十五本的《牡丹亭》，對它的故事很了解也很有想法。旦的部分我讓朱安麗、陳長燕、陳美蘭來，卻差強人意。最後決定找曾經在曲會上合作過的孔愛萍，她的唱功十分了得，而且她曾經到北京的藝術研究院去念了碩士，碩士論文就是研究杜麗娘，所以她可說是杜麗娘專家。不過我還是找臺灣旦角來一起學戲，因為雖然找了

孔愛萍來演出，可是還是要訓練自己的演員，告訴她們我沒有放棄她們，我希望她們再學。現代女子的部分，我讓她（朱安麗飾）都說杜麗娘的台詞，沒有自己的台詞，她一開始很擔心自己會不會攪戲，其實現代女子就象徵著觀眾的疑問，現代女子就代表現代的觀眾。

因為前面兩檔《獅吼記》和《尋找遊園驚夢》都以旦角為主，用現代的視角為女性說話。而在創新兩個本子後，想整理一下傳統的經典，所以第三檔時就主打溫宇航的折子戲（「2008《蘭庭六記》——百變崑生系列」），從他的能戲中，我們把小生的家門理了一遍——娃娃生、雉尾生、窮生、巾生——全部把它排出來。這些戲碼有南派、北派不同的風格，又考慮了讓張世錚老師教老生和主排其他行當的戲，他的〈打子〉特別好（詳見《我是崑劇之末》中有自述），就一共挑了十齣折子出來，分別取自《紅梨記》、《繡襦記》、《白兔記》、《獅吼記》、《連環記》、《還魂記》六大劇本。其中《白兔記》部份，在 2006 年崑劇節看過王芳演的《白兔記‧產子》後，就琢磨著要排演這齣戲，剛好〈出獵回獵〉是宇航的開蒙戲，就決定臺北場首演一定要讓郭敏芳演〈產子〉，因為我覺得她是臺灣最好的正旦，不做第二人想，她的聲音完全走在稜線上，正旦的命運都很乖舛，如果她聲音甜美那就一點都沒有那個感覺，長得太美也不行，要有點骨感，很能表現那種滄桑美。後來去香港的時候，因為也演《獅吼記》，就讓一起學〈產子〉的朱安麗演。名字定為「蘭庭六記」，是貢敏老師給取的，因為我們選的六齣戲都有個「記」字，而且是元明清三代的戲。

2008 年初故宮文會堂在招募藝文團隊進駐演出，也找了我們去參觀，我去了之後覺得那是個很 cozy 的劇場，回來就想說我們可以排什麼戲跟故宮的文物做一個對話，這戲準備了一年半。我就從故宮重要的文物著手，想到了用《明皇幸蜀圖》，另一方面是因為剛好《蘭庭六記》時沒有冠生戲，就整編了《長生殿》。而唐明皇既已到蜀，表示我們的戲就不會再往第四本（貴妃自縊後，明皇悔恨思念）發展下去，因為《明皇幸蜀圖》這幅畫已成為第四本的代言。蘭庭版《長生殿》將重點放在這浩大歷史背景下的皇家愛情故事上。我們在策劃的同時剛好上崑也推出四本的《長生殿》，我輾轉拿到上崑的全部英文字幕，所以希望能從不同的視點來寫蘭庭版的《長生殿》。因為文會堂要求我們中場不休息共九十分鐘，一定要縮編，不管是周雪雯老師或劇本整編李惠綿老師，都要配合我對折

目的選擇去做設計。我們把崑曲裡沒有的「貴妃醉酒」加進〈夜怨〉一折，也添了〈窺浴〉，一來是讓演員們有休息的機會，二來是「插科打諢是人參湯」，透過明皇貴妃身邊的太監宮女描述兩人情愫，比由當事人自說自話來得有趣得多！我們為故宮準備了中英日文開場白，同時也要求故宮架設預先報名及現場排隊的機制，避免演出時有時滿座、有時觀眾小貓兩三隻，結果參觀觀眾平均在 8～9 成滿，同時也舉辦演講、製作相關出版品，故宮非常滿意此次的合作演出！

　　之後我又想回到傳統，於是籌辦了《蘭庭六記》的「崑旦的千種風情」，話說 2011 年國光和復興的旦角演員竟都太忙而無法上課，但雪雯老師已經請來了，老師就說她特來給我上課，安排一整場我個人專場——「閨門旦專場」，但畢竟是蘭庭團隊的年度公演，再怎麼說也不能只排我個人的戲，另一場就組合了雪雯老師曾在臺教授的各種崑旦家門，演出《琵琶記・描容別墳》、《孽海記・思凡》、《義妖記・斷橋》（南派）和《牡丹亭・春香鬧學》。

　　至於去年（2013 年）演的《玉簪記》是從西元 2010 年就開始籌備的，申請三年都未獲補助…。這戲能推出也很機緣，本來要推出由大陸編劇奇才羅周老師特別為蘭庭撰寫整編的《連環記》。但演出檔期剛好國光被文化部調去花東巡演沒有人馬，所以我們就只好喊停、換劇碼，幸好也獲得各部會的同意變更，讓《玉簪記》敗部復活，而且連演三場，獲得國內戲曲界相當好的評價！

問：蘭庭創辦至今邀過哪些老師來教戲？如何決定人選及碼

王：我不找演員來教，我找「老師」來教。有些崑曲演員演得好但不適合教，我們要請得是教崑曲的「老師」，而周雪雯老師的教法，是她會看演員怎麼發揮，她做不好這樣她會給她另外一條路。有的演員做出來很漂亮，可是他不一定會教學。演員有他要自己詮釋的這一部分，這一部分就要靠演員自己去內化角色，跟身段設計、主排，是不一樣的。目前我們的演員還是需要老師來安排身段，所以我們仍需要這方面的老師。設計好身段程式再因材施教，因為有些動作有些演員做出來真的是很彆扭不好看，就請老師來設計調整動作給演員做，再由演員們投入情感發揮成自己的表演。

　　主要請周雪雯老師教旦的動作，她指導旦的唱與做，生要怎樣對應，主要是呼應旦的動作，老師不會仔細地教小生要怎麼做。事實上老師也不

需要這樣，因為我們的小生溫宇航，已經是相當成熟演員，可以從套組的規範動作裡，自己編配出崑劇的動作，老師只要幫他把場面調度的問題調出來的時候，他自己就可以配合得很好，或是回饋出更好的生旦對應，溫宇航可說是蘭庭排戲的另一位導師！後來，我們也想學一些北派的戲，就在 2011 年的下半年請了張毓文老師來，在 2012 年演《蘭庭六記》「崑旦的千種風情——南北派大匯演」。南北派人物的精神感不一樣，唱腔也不一樣，對演員的演出技巧的精進，很有幫助。

問：請問蘭庭的戲有什麼創新？

王：從「蘭庭六記」開始，我希望能在開場時能有組曲的形式出現，從不同的戲裡選不同的曲牌，把同一宮調的曲牌，按句式的先後，拍子對應好，重新組成一支新曲子，讓熟悉崑劇的老觀眾能夠一聽就知道這是〈亭會〉的哪一段、那是〈拾畫〉的哪一段，弄得有點像是百老匯的開頭都有經典片斷插曲的組合。一開始蕭老師很不能接受，我就問他【十二紅】怎麼來？不也就是十二個曲牌，我們並沒有竄改它，只是讓曲子更繽紛富變化有什麼不好？而且崑劇團在推出演出之際，一定也要把樂隊納入考量，要讓他們也全力參與，玩出一場製作來，他們才會對這團體有認同感，否則他們只會永遠認為自己是伴奏，拿個樂師費，演出之後就走人，與崑曲沒有實質的交流，音樂便沒有靈魂。

我是個沒辦法忍受三秒鐘以上黑場的人，所以我還找過盧亮輝編曲，他很容易有感覺，他是個很擅長補捉元素的人，我跟他見過三次面，討論故宮《長生殿》曲牌唱腔後，他就可以譜出有崑味的曲子，而且配器得當！讓張世錚老師都能接受。

我們推出的劇碼會考慮蘭庭是否適合演出，同時，也會考慮到我們的演出對臺灣來說是否有迫切的需求。基本上，蘭庭的戲走精緻的風格，省去群眾演員的排場，每一個演員都有他在舞台上的地位與效果，都有他的戲！最主要的考量還是劇中的人物實質是否能打動觀眾，同時更希望由臺灣的製作團隊勾勒故事發展，有主題特色地再現經典劇目。此外，蘭庭擅長在非正規劇場，結合環境特色作跨界演出，這是另一個話題。

問：請問蘭庭在推廣崑曲有哪些努力？

王：同一個本子每個團體做都會不一樣，我想把我們的劇是結合整個崑團的製作，並且標榜臺灣的視野，能夠看出整體、集合人才，並且把創意留在

臺灣。現在這樣的劇場環境，每演一場就是虧一場，在這樣的環境下，我的想法就是好好地做製作，好好地做出版品，把它傳下去，沒有辦法一天到晚有機會演的。像李超就曾經說過：「我們要向蘭庭學習，他們總共就一個團長、一個助理，可是他們辦到了我們沒辦到的事。」

問：請問蘭庭的定位與臺崑不同處？

王：蘭庭的演出都是先整編出自己的本子。蘭庭與臺崑的企圖心不同，我們希望有自己的版本，而不是演別人的本子，這樣的錄影充其量不過是大陸團隊「臺北場」的演出而已。像蘭庭演出的《獅吼記》、《尋找遊園驚夢》、《長生殿》、《玉簪記》就都是蘭庭自己的版本。每齣戲難道都只有固定的呈現方式嗎？我對戲的呈現有很多想法，蘭庭的目標是結合海內外崑劇菁英，以臺灣的視角出發。雖然蘭庭總共就一個團長、一個助理，但我們會繼續致力於專業製作的崑劇表演、提供演員良好的舞台、改動本子刪去不合理處，像是〈迎像哭像〉時，唐明皇在表達他思念愛妃的私密情感時，旁邊站了一堆太監和宮女不是很奇怪嗎？因此我想在不離劇本的核心價值的情況下再創，展現我們現代人對古代文本的理解以及創作實力。

　　而且我已經在想未來要整理其他劇本的事，像我們本來想推出《連環記》，但這齣戲武將很多，必須得要跟京劇團合作的方式演出，如果只是商借就要以對方的檔期、公務為主，不確定性太高。但我也不一定整理好的戲要由我們蘭庭自己演，如果國光要拿去演也很好。同時，我也在想未來有機會跟故宮合作時，我們還能跟哪些文物交流，演出哪些戲。只是目前文會堂的故宮新韻活動已暫告停，所以目前沒有新的合作的計畫。

問：國光劇團及復興京劇團對蘭庭崑劇團借將的態度？

王：蘭庭的專業團員除了少數資深的曲家崑劇票友外，大多數是國光劇團的資深京劇演員，少數國立戲曲學院附屬京劇團的優秀團員。過去國光陳兆虎當團長時，很大方地讓演員們來學戲、演戲，還語重心長的表示我們這是在幫他培訓團員，演員們受過崑劇的排練，在京劇的表現上也有進步，這真是難能可貴的大度風範。

問：請問您認為京劇演員演出崑曲與崑劇演員演出崑曲在表演上有何不同？

王：崑的演員他是在劇中人物的世界裡頭，因為他在他自己的世界裡，所以你到劇場是你走進他的世界裡；但是京的不一樣，京的是他一直在跟你訴說，他在跟觀眾做交流，他在等你的鼓掌、叫好，不然他不停的，他演一

演常會跳出來的，他的移情作用、方式也是不一樣的，他也比較 pleasing 觀眾的。崑的不是，崑的就在他的世界裡，「你來」，你能來你就進來。所以，所有的演員的眼神，尤其是閨門旦的根本就是飄緲的，他絕對不「盯」著觀眾。所以我會提醒我們團的演員，在拍劇照時，眼光不要直對著鏡頭，而是沉溺在故事人物的情緒之中

問：是什麼支撐您投入蘭庭團長職位多年，推動京劇演員學崑曲的風氣？

王：我其實很想教人如何「製作」一檔戲，但太多人只是想自己「演戲」，我自己會在戲中串演常是因為真的借不到演員，我才來墊檔。一位團長只顧著演戲，是無法成就團務的。我希望蘭庭只是個過渡，是階段性的任務，接下來政府會成立一個崑劇團，或是把國光、復興變成京崑劇團，這樣我就可以把推動臺灣國家級崑劇團的事交棒給政府了。但是在這一個過渡階段，臺灣崑曲界絕不可在國際崑壇缺席，我們不但有最好的崑劇觀眾，也有傲人的企劃製作與演出實力，不應妄自菲薄！

問：請問您經營蘭庭崑劇團碰到的難題為何？

王：我認為目前政府對京、崑的政策十分不明朗，當初在崑曲之旅後，推行了為期十年的崑曲傳習計畫，卻在聯合國教科文組織宣佈將崑曲列為非物質文化遺產後，卻不再有所作為？一個被聯合國評選為世界口述與非物質文化資產的「崑劇」藝術，在臺灣卻經常被安上一個「外來劇種」的封號，真是情何以堪？蘭庭之所以不斷地推動製作屬於臺灣版本的小全本崑劇，就是不想讓臺灣在中華傳統戲曲殿堂中缺席。且在臺灣尚未有崑劇科系的教育體系下，以「以工代戲」的方式訓練團員；並在沒有國家崑劇團的奧援下，勉力以民間私人的力量，推動臺灣持續六十五年的崑曲發展。

　　這幾年蘭庭也申請文化部的補助，我們認真地想要為崑曲做不同的努力，並不是貪圖文化部每年給的那一百萬補助，對照我們一檔戲的預算，那不過是杯水車薪，我們只是希望政府公部門能積極參與！只是我們努力了這麼多年，每年還是被評委問一樣的老問題：「為什麼晉用海外演員？有無培養本土演員？」，我們的確培育了不少京劇演員學崑曲，但戲曲人才的培育應該是教育體系的根本問題。既然文化主管單位沒有長遠的政策依歸，蘭庭對於文化單位對團隊的扶植標準與重點全然不能理解，今年（2014 年）就放棄申請，希望主管單位更認真思考臺灣傳統戲曲的發展方向。

問：請問您認為兩岸的崑曲發展間的異同。

王：過去臺灣的崑曲是由曲友傳承，曲友們都是受過大學教育的知識份子，跟明清的文人參與一樣，都由有文化水平的人參與。對於劇團，上崑張銘榮老師曾對我說：「志萍呀，蘭庭就好像文人家班一樣。」我想說老師該不會是說我把崑曲做「小」了？結果老師的意思是蘭庭像是回到文人的家班時代，是很講究的，雅、精緻、小而美。

　　大陸的崑曲是由各劇團批次培養，以保證人才會綿延不絕，但又不是大量培養以免供過於求。同時，像上崑是劇校，崑班同學要上文化課，就跟傳統的科班、水路班子不同了，比較有文化素養。

　　臺灣在培育戲曲人才方面並沒有考慮這麼週全，而且到目前為止，還沒有「崑曲」科，學制雖不斷升格，但專業訓練並沒有因而提昇，畢業時功夫仍不夠專業，無法上臺；許多人畢業後轉行，形成教育的浪費，叫人相當扼腕！

附錄二十：孫麗虹訪談稿

　　孫麗虹，小大鵬第五期生，工小生。曾任職於今日公司麒麟劇團、聯勤國劇隊、陸光國劇隊，現為國光劇團小生演員。參加「崑曲傳習計畫」藝生班第四～六屆，師從林為林、汪世瑜、周志剛、蔡正仁、沈世華、王泰祺、顧兆琳等名家。

　　一訪時間：西元 2014 年 2 月 27 日下午 13：00

　　二訪時間：西元 2014 年 3 月 14 日下午 14：10

　　訪談地點：木柵戲曲學院國光劇團中庭

問：開蒙戲為何戲？

孫：開蒙戲所有的基本動作、所有的唱念做打，所有的基本功。一開始老師也不是教你一齣戲，你只是在老師旁邊聽，聽完了開始念，每個人都跟老師一句一句地念，學著抑揚頓挫。我們一開口是學「來了，怎麼說？」，我們有陰陽起伏，所謂的抑揚頓挫，經過很磁實的初學基本功，之後學戲就能舉一反三。學了《天水關》、《渭水河》、《查頭關》、《鴻鸞喜》，缺什麼學什麼，由葉盛蘭的關門弟子馬榮利老師開蒙，真正開始學小生的主戲是楊宗保的【娃娃調】，那就很難了，跟過去學的邊配小生唱法完全不一樣，娃娃調是二黃的翻調，要翻著唱的，也就是高八度的唱法，等於是二黃最高的調門，最起碼要搆到 D 調，D 調、E 調、F 調，一定要往高裡去。也跟馬世昌老師、朱世友老師、朱冠英老師學過。

　　本來進劇校規定念五年，可是中間突然改制度，不管你了，要變學制的轉型期，我在那兒等覺得不太妥當，我家長就帶我回家了。因為當初臺中就我一個考上大鵬劇校，回臺中後，就有劇團找我進去。進劇校就荒廢

了一段時日，離開後本來去學校旁聽，但聽完我還是沒有學歷，也沒辦法參加考試，身份很尷尬，就還是回去了。父親很喜歡戲，帶我向高芳仙老師學國術中的拳、劍、馬步，當時學得很透徹，練了多少年，到現在都還能很紮實。還帶我去台中公園划船，練腰力、練臂力，學會在船上晃的感覺，要配合水波、要符合劇情人物；到臺中後里馬場學騎馬，實際去學操縱馬，拉鞍、踩蹬、打腿、拉韁，我還能夾著馬肚子跑。這些動作我不是隨便就會了的，我是實際去學，變成身體的習慣，所以我沒有女小生一些小家子氣的毛病。

問：請問您在大鵬在校期間所受之教育爲？是否與您學習崑曲有關？

孫：我入大鵬時，由張永和張叔爲我們上曲牌課，那是我們的崑曲開蒙，不過那時候也不知道這就是崑曲。教我們崑曲的曲牌和群戲，像是【五馬江兒水】和《大賜福》所有的唱，因爲小時候也搞不清楚所以也不大記得了。而且沒辦法單教，所以就教唱群戲的曲牌。以前每次唱戲像堂會，前面都有個《大賜福》，因爲戲裡頭角色多、每個人都可以扮上，雲僮、仙女等，大家都有上臺的機會，我們那時不論哪個劇校每個人都要會唱這齣戲的，朗朗上口。後來曲牌課就由楊蓮英的父親楊飛上，是南方的笛師，他後來去了陸光。後期可能是大宛解散後，杜自然就來教小大鵬的曲牌課了。

　　我們大鵬教崑曲的小生老師有朱世友朱叔，是富連成科班出來的，是唱角兒的，教的幾齣戲都是小生正工戲，像是教我《得意緣》（朱世友搭配徐露、趙玉這戲最好）、教楊丹麗《群英會》和〈遊園驚夢〉、教高蕙蘭〈寫狀〉，有時也教《轅門射戟》，跟馬榮利老師不一樣，小生所有二、三路的戲他都會、都教。主要是我們大鵬全是女小生，女小生的嗓子跟男小生不一樣，所以他後來也不大教我們了，我們這一科是最後跟他有接觸的，他主要在舞台上唱戲，陪徐露、趙圓（花旦）、趙玉菁在臺上唱戲。朱叔主要是指點而不是教一齣戲，比如〈寫狀〉在我們不對的地方他會跟我們說不對、給我們改，因爲我們那時候是富連成那種科班出來的是正班的、家班出來的是外班。主要也是我們是京班，所以崑曲戲也不太教的。

　　富連成科班出來的蘇盛軾老師教武旦戲比較多，教徐露《扈家莊》的扈三娘，也教過廖苑芬、楊蓮英。他還教全部崑的《金山寺・水鬥》的青蛇、白蛇、許仙、法海、水族，我們通通都站在邊上看，看久了也就薰會了，而且每個人每段唱都要會，今天缺什麼腳色，我們就要上去演。以前

演這戲的許仙，就由剛開蒙的學生去演，因為戲份不多，前面一段唱上山「江西畫柳橋東畔」是一定要會的，船夫送他上金山，有動作，後面就接兩句唱。

　　那時還有一位富連成科班出來的張喜海老師，我們要叫爺爺的。記得之前大鵬也請了徐炎之來給高蕙蘭、徐露說全部〈遊園驚夢〉，我們也可以去旁聽，只是沒什麼興趣，去了兩次就沒再去了。

問：請問您對女小生的看法。

孫：女小生是很辛苦的，小生的表演是需要做到位的，你不到位就沒那個感覺，你做過頭就變成色郎了。而且跟人生歷練有關係，年輕演員可能沒談過戀愛，那怎麼能演像〈琴挑〉這樣的戲呢？戲也是經過千錘百鍊的，像岳美緹老師，你每次看他演都有些微的不同，有時候是場上的關係，某個動作做得晚了，他可能就換個動作再接下個動作。我認為男小生要演巾生的話，氣質很重要，他的動作要儒雅、柔一點，才能演得好。

問：請問您什麼時候開始接觸崑曲？學崑曲的目的為何？

孫：在劇校時未曾學過崑曲，我從大鵬出科後回到臺中進劇團，後來上臺北發展，輾轉認識了在大宛一軍團（跟李桐春同個劇團）的杜自然，那時候常演出就慢慢認識的。那時大概十五六歲。他就問我會不會唱、想不想學崑曲，給我解釋崑曲的板眼，他是北方的，但是是哪個班出來的我不知道，北方崑曲唱的曲牌都跟我們京劇裡頭的牌子差不多。他教我們崑曲的拍板跟我後來在傳習計畫所學不樣，四拍是一板四眼的，也就是板與頭眼各一拍，其餘三眼共占兩拍（示範），不是均勻的那種一板三眼四拍。我們以前就管杜自然老師叫杜老仙，從以前就喜歡穿得很寬鬆，後來好像出家了，不知道在哪個寺廟，他有個女兒叫杜小鵬，送進陸光是一期陸字輩的，叫杜陸玲。

　　本來想報崑曲傳習計畫但沒報上，後來計畫的助理韓昌雲通知我去上課，可是我不會看工尺譜阿！所以韓昌雲就成了我的崑曲小老師，我覺得不恥下問不丟人。因此，我才開始接觸崑曲，那次是由沈世華老師教〈琴挑〉，他說：「你們有基本動作，我教就比較好教了。」這齣戲在國光學的，當時幾乎是只回家洗澡、睡覺，花了很多心力在學習崑曲。老師跟我們說眼神、故事、身段是一條線下去的。唱「月明雲淡露華濃」時，要能看見月色、雲彩，看見水中倒影。

在傳習計畫後，因為結識了曲友，平時也會參加蓬瀛曲集的曲會，原先去只唱一段，但大家都唱一整齣我後來也就都唱一整齣。我也曾到應平書的中華日報自己進修學崑曲，記得是許聞佩老師教的，也是在那時候跟以前在藝生班就認識的周志剛老師學了〈迎像哭像〉，所以後來應平書才找我一起學其他戲。

問：崑曲傳習計畫期間向哪些老師學了哪些戲？崑曲傳習計劃開始前後學習崑曲有何不同？

孫：向龔世葵老師學〈藏舟〉，龔老師一個戲裡的什麼角色她都會演，崑曲老師好就這樣，他今天來教戲他所有角色通通都會。向汪世瑜老師學〈跪池〉、〈拾畫叫畫〉，本來周志剛老師教高蕙蘭，但他不讓我看，因為我們是專業演員，看了就明白了。向蔡正仁老師學〈寫狀〉。張洵澎老師教〈驚夢〉。還學了〈迎哭〉、〈望鄉〉，我們從小學基本功就是為了演戲，像〈望鄉〉的李陵，曲友是拉不開腿的。沒向岳美緹學到戲。

起初崑曲傳習計畫藝生班是有藝生的六千元補助的，但因為有這補助就有些紛爭，我就提議說把這藝生班的六千元補助集資請大陸老師來教戲，大家就把我罵死了。光小生組就有十個人，集結起來也有六萬了，可以多少貼補老師來臺的食宿機票費，所以傳習計畫才有比較多經費可以請更多老師來，甚至還可以再找老生、花臉、小花臉來學崑曲。

問：請問您在崑曲傳習計畫之外，在哪裡學習崑曲？

孫：應平書組織了一團去蘇州的園林向蘇崑的老師學戲，找我跟毛偉志學〈聞鈴〉，只去了一週就把戲拿下來了。後來應平書在中華日報弄了台北崑劇團，找我學戲跟他配戲陪他演出，請周志剛老師來教我《長生殿‧小宴》、〈跳牆著棋〉、〈梳妝擲戟〉、《浣紗記》、〈拾畫叫畫〉、〈南浦〉、〈斷橋〉，主要是學應平書自己想演的戲，有機會學我都很願意去學的。周老師也在上海幫我做了好幾套戲服，同樣是巾生，唱得不一樣就都做了，有兩大個塑膠箱的褶子和道具放在家裡。

問：請問您是否教崑曲？

孫：因為團裡一年只有十五天的假，不夠請一個學期的課，所以我未在外面兼課，也未有空教京劇。

問：請問您在京崑的學習中，認爲崑曲與京劇在表演講求上有何不同？

孫：我們說京崑、京崑，京崑是分不開的，先有崑後有京，京劇以崑劇爲母，崑無動不舞，只要在唱就在動，所以我們就覺得京劇演員一定要學崑曲。而且京劇小生的主戲不多，都是配角，如果崑曲小生主戲就多了。可是，京生要去唱崑生是綽綽有餘的，不過崑生要來唱京生就破不了他的格了，這就是京崑間音色的不同。京劇的高音上去了，你也沒那麼寬，你的聲音就是那麼窄，因爲顧了高顧不了寬。

唱腔上是一樣的，甚至京劇還更難，京劇小生有龍虎音和鳳音（示範），崑曲只有冠生才有龍虎音，不過冠生戲也不多。龍音爲陰、虎音爲陽，鳳音要用橫膈膜托住，小嗓是鳳音，虎音爲大嗓，從腦門後往鼻腔衝，龍音則界在這兩者之中。一直不停地唱，好去了解角色人物的氣派。所以京劇小生要來唱崑曲是很容易的，高音可以壓得下來，低音要拔高也沒有問題，我目前看老一輩的崑曲冠生能如此的只有蔡正仁老師和周志剛老師。速度上的話，就是慢、慢、慢還要再慢上三拍，要經過一個過程才能夠學會。

我們京劇演員有京劇底子，所有的身段都從小打基礎，會愈用愈順用，就豐富我們自己了。所以當我們成爲成熟演員後開始學崑曲，很有幫助，崑曲讓基本功實踐，會增加身段、耐力，可惜學完後劇務不派崑曲。京小生已比旦有更多身段，崑曲豐富，加入京劇。

附錄二十一：王鶯華訪談稿

　　王鶯華，小大鵬第九期生，工文武老生，師承張鳴福、張鴻福、哈元章等老師。國立臺灣藝術大學戲劇學系中國戲劇組（原國立藝專）肄業，曾任職於大鵬國劇隊服務，現為國光劇團老生演員、政大教職員國劇社指導老師。參與「崑曲傳習計畫」第五六屆，師從陸永昌、張世錚、計鎮華、黃小午等名家。曾獲國軍文藝金像獎最佳生角獎。

　　訪談時間：西元 2014 年 2 月 28 日 17：00
　　訪談地點：內湖愛買肯德基

問：開蒙戲為何戲？

王：我的開蒙戲是旦角兒，我們這期很妙，像陸光學生一招招了三四十個、復興招的更多，我們大鵬就招了十六個——男生八個、女生八個，我們上面七期、八期也是三四十個，就我們這期招比較少。進去第一年不分科，大概十一歲時，當時唱花臉的蔣兆成蔣老師，他就抓幾個男生去唱花臉戲，他就教《萬花亭》，就郭妃、劉秀、姚期那齣戲，他就教姚期，老生劉秀就從男生裡挑一個去學，八個女生就通通去學郭妃，於是我就去學了郭妃，就「都只為」（唱）那段原板，天天唱。唱的時候，老師就說：「怎麼回事？怎麼裡面老有一個怪音啊？」就讓我們一個一個唱，輪到我唱的時候，老師一聽就說：「小嗓」，我再唱一次，老師又說：「小嗓」，又唱一次，老師就問：「你沒小嗓？」我就說：「沒有。」所以老師才說：「去去去，唱老生去。」於是，我這才改了老生，我一改老生，就是《萬花亭》的劉秀了。唱完了才開始正式分科，我才分到老生組去。

問：請問您什麼時候開始接觸崑曲？在大鵬在校期間所受之教育為？是否與您學習崑曲有關？

王：剛入校時，由吹笛子的杜自然老師教曲牌。練基本功時，也順帶教曲牌，練完功後開始唱，就是唱曲牌。因為教練功的老師主要都是教武生，他給武生教的幾齣戲就是唱曲牌，我們從小就跟著學曲牌，一起唱這樣。學了神戲、吉祥戲《天官賜福》的【醉花蔭】，我們演雲童在旁邊，全部都要會唱阿！就跟練功一樣，每天都要唱。就我們劇隊的開箱戲、封箱戲或人家請吉祥戲時，我們會唱這齣戲。這個就是最初接觸崑曲的狀況。

就讀大鵬劇校時，徐露徐姐演《牡丹亭》時，通通都是我們的小花神，我們都會唱，那些通通都是曲牌課教的、學的。

畢業後進大鵬國劇隊推出由華文漪和高蕙蘭高姐合演的《牡丹亭》，也是我們小花神，幫高姐配戲。那次大概年紀比較有了，看《牡丹亭》就覺得「怎麼這麼美阿！」，就覺得這戲很好，怎能把〈驚夢〉【山坡羊】那段杜麗娘扶著桌子表現少女思春的心情演得這麼美？看了就對崑曲很感動，算是我對崑曲改觀的經驗，跟劇校時期的想法完全不一樣，應該是欣賞的角度不一樣，對文戲的接受度比較高了，確實是文戲好看，有深度。那時候也有人叫我去學崑曲，像〈彈詞〉等等，但我當初完全不想學，覺得曲牌有什麼好學的，我也都會唱阿，沒有什麼了不起的。而且那個年紀看崑曲就覺得「好想睡覺喔…」、「唉唷！天呀！」，那時候年輕，比較喜歡熱鬧點的戲。不覺得崑曲表演難學，只覺得很美、細膩。等到真的學了之後就覺得崑曲太不容易了，很驚訝！我第一時間是質疑自己怎麼這麼笨？我從小學戲反應都是很快的，以前怎麼都瞧不起它（笑）。

問：崑曲傳習計畫期間向哪些老師學了哪些戲？

王：三軍劇校合併後到國光劇團，洪惟助老師辦了崑曲研習班，可是他辦的前幾期我都沒去學，很多團員去學就叫我也去學，我是後來才加入的，藝生班的隔一期我才去的。我第一齣戲跟蘇崑（江蘇省蘇崑劇團）的陸永昌老師學〈寄子〉，〈寄子〉完了〈打子〉、〈打子〉完了〈彈詞〉，陸老師非常有耐心，因為剛開始學崑曲時我並未立刻進入狀況，我以前學戲最快的，這次怎麼學都不會，唱唱唱都進不去，很挫折，氣得我把本兒丟在地上說：「學不會」，但陸老師就把本兒揀起來自己繼續哼唱，我的腦袋都要爆炸了，從來沒有學過這麼難的東西。學〈寄子〉的時候，老師連伍子也一起教，所以有個旦角來學伍子。

後來上崑的計鎮華老師來，教了〈掃松〉、〈潑水〉，計鎮華老師就是演員型的老師，會跟我們說個一遍、兩遍，學不到的，我們要自己體會，之後我們會再看老師的片子，去著磨角色。因爲舞台經驗是絕對教不了、說不上來的，台上的東西是很奧妙的，很多是臨場的，可能他教是這樣教你，可是他演的時候因爲入戲了，隨著當時的感受，自己的東西就會出來，只能靠自己去體悟。師父領進門，修行還得在個人。

接著跟浙崑的張世錚老師學《十五貫・見都》、〈寄子〉，因爲我學過〈寄子〉，就正好教盛鑑他們，跟我學的大同小異，有一點差別。再來跟蘇崑的黃小午老師學〈酒樓〉，教了一套劍，我就自己著磨，就問黃小午老師，因爲我有一套自己的劍法，我想加一點東西進來。老師就說：「都可以，這套劍也是我自己編的，你要加什麼都可以。」結果〈酒樓〉我唱到後來，那套劍法跟黃老師根本一點關係都沒有，都是自己的東西。因爲黃老師說他的〈酒樓〉也不是老的那個〈酒樓〉，所以戲人人會唱、看你怎麼唱。在大鵬國劇隊搭班的時候，劇團請了小王桂卿家的三弟來給我們教劍法，雖然現在不太記得，但是基本架勢是有的，之後我唱全本《寶蓮燈》帶《劈山救母》時，有一套劍法，還是請李寶春老師來教我的，所以我自己整理出自己的一套劍法。後來黃小午老師再來臺灣的時候，看我演〈酒樓〉，完了後還跟我說：「你這套劍不錯耶！跟我說一說吧！（笑）」我就說：「沒有沒有，都我自己加進去的。」黃老師就說：「不錯不錯！有幾個樣式、pose 不錯。」

所以我的老師很多呢（笑）！學了不少崑曲，當時一起去學的國光的老生有我和鄒慈愛、盛鑑。

問：崑曲傳習計劃開始前後學習崑曲有何不同？

王：傳習計畫後也有自己學戲，就是學一些劇團排出來要演的戲，像上次在大稻埕唱了全本《爛柯山》、《蝴蝶夢》、《風箏誤》，都是自己把帶子找出來看，後來都自學的。劇團有時會請大陸老師來教戲，但是多以旦角老師爲主，主要是以整排全劇爲主。

但還好我們都是成熟演員，京戲唱這麼多年了，京劇和崑曲就是曲調上不一樣，動作雖然比較多但我們多看幾遍，把動作學會、多練幾遍就差不多可上臺表演。主要是在崑曲傳習計畫時連續好幾年、很密集地學了很多戲，我們是專業演員，老師桼了一個根，其他就要靠自己努力。後來黃

小午老師來教的時候就說：「唉唷！教你們也太輕鬆了！」而且我們有很多自己的東西了，之後因為就沒有崑曲傳習計畫給我們請大陸老師來教戲，張世錚老師來也只是排戲，沒有空給我們上課，崑劇團給我們安排演出時也都是自己先學會，老師一來就是整齣排戲了。

問：學習的心得為何？

王：因為之前接觸的時候，就知道學崑曲不容易，要很專心、很仔細，最棒的是我的崑曲開蒙是陸永昌老師，他能一遍、兩遍、三遍地教，很慶幸剛學崑曲是給陸老師教。因為陸老師在蘇州是教小學生的，很有教學經驗，對開蒙的教學很擅長，在老師的耐心教學中，漸漸地我也比較了解崑曲了。學戲不能只模仿老師，他的東西不一定適合你演，你要把它化掉成為你自己的東西，你硬梆梆把它摘過來不一定適合你。

問：您喜愛的崑曲劇目為何？

王：我自己很喜歡《爛柯山》這齣戲，在臺灣崑劇團、水磨曲集等都演過，在臺崑演時是演上崑那一版，後來跟水磨的宋泮萍宋姐合演時因為她很喜歡蘇崑那一版老的，所以她就演那個版本，上崑比較前衛，很多戲都是新編，它的〈潑水〉跟蘇崑是完全不一樣的，曲調差別也很大。我就必須要調整過來，從頭開始學，很多東西都是這樣，你完全不會去學，學很快，但如果你已經會了，要從這個版本改成那個版本，最難、最可怕，詞大同小異、腔要變。也必須知道上崑和蘇崑兩個版本間的不同，但就怕自己混淆了，再透過消化吸收去詮釋。

〈酒樓〉和《爛柯山》我都喜歡，尤其喜歡《爛柯山》的朱買臣，這個角色一開始必須一副窮酸相，抱著一本書苦讀，還得面對老婆的終日吵鬧不休、要把老婆哄上天，後來還被拋棄了，一開始夫妻間的鬥嘴，他要逗老婆、哄老婆，後來老婆逼他寫休書，他就一直苦苦哀求老婆，好不容易發狠簽了，但又捨不得老婆抓著老婆哭，最後老婆還是把他甩了。之後得中功名又是另一種表現，老婆回頭求和時心裡還是愛老婆想重圓、但旁人勸阻別復合的兩難內心戲，又要表現出「我可了不起了」的樣子，反差很大、有很多表現的地方，我認為這齣戲編的真好！他的情緒表現、表演性很強，這幾場戲表演很豐富，有很多內心戲。而且演員隨著年紀增長，有了人生歷練與體會，在台上的表現也會不一樣，對於這個角色也會有更多的理解與認同，敢做、也會做了。如果你找一個二十郎噹的年輕演員來

演，因爲人生的歷練不夠，他很難體會夫妻之間的相處及人生的高低起伏，雖然能演卻不見得入戲。最好是四十多歲的演員，正值有體力又會演，年紀再大些體會是相當棒但是沒有體力、動不了，年輕的有體力、很衝但不太會演戲，所以我們老一輩就說：「我們唱戲的不養老、不養小。」現在才了解爲什麼了。

問：您常演的崑曲劇目爲何？

王：常演的就〈酒樓〉和《爛柯山》，主要是崑劇團排戲，洪老師找我去或像宋泮萍宋姐找我配，也在國光劇場演過。我自個兒沒那麼大戲癮，而且國光的戲都演不完，不會自己說要演崑曲（笑）。

問：請問您是否教崑曲？

王：我沒教崑曲，因爲我不敢教崑曲，我不是自坐科就受崑曲訓練的演員，我學得不夠，我沒有資格教，要教東西自己要達到一定程度才可以教人家。京劇我可以教，因爲我是打小十歲就這樣基本功學上來的，崑曲是我畢了業進劇團後才學的，我哪敢教阿？像大學社團的同學想找我教，我就說你自己看片子學，有不懂的地方你再來問我，我可以跟你說是怎麼回事，我沒資格教唱、拍板，所以我不會教崑曲。當洪老師找我去臺崑開班授課時，我就不敢接，因爲我覺得我沒資格教。

所以我只在景美社大、票房等教京劇、排京劇，我認爲只要有人願意學京劇，我就願意教，因爲整個大環境對傳統戲曲已經不是那麼風靡了，已經相對弱勢了。我認爲這是一種對祖師爺的付出，我們這一行拜祖師爺唐明皇，我認爲這些就是幫祖師爺做一點事，宣揚、傳承下去、推廣，不要式微了。我們這一代一定要把京劇傳承下去，不然死了也只是帶進棺材去而已。

問：在您參與崑曲演出後，觀衆結構是否有所改變？

王：我不清楚我是否帶動了戲迷來看崑曲，但我帶動了我社區大學、票房等京劇學生來看崑曲。每次臺崑找我去演出，我會跟他們說我要演崑曲了，叫他們來看，說我拿票打折帶他們來看。

問：請問您在京崑的學習中，認爲崑曲與京劇有什麼不同？在學習上有什麼困難？在表演講求上有何不同？您認爲學習的困難點與挑戰爲何？

王：我剛開始學崑曲時，發現都是問題——腔、曲調，這一學就不得了，「哇！怎麼這麼難阿！」跟我想像中完全不一樣，學不會。以前都不覺得崑曲有

什麼，等到我一開始學就覺得崑曲怎麼這麼難！崑曲跟京劇很不同，首先是唱就很不一樣，我剛學崑曲的時候，回去唱京戲，嗓子都唱不上去，不過我不知道原因，但感覺是發音的位置不一樣。

再來是腔調，京劇唱一唱有過門，休息喘口氣。崑曲沒有耶！笛子一響要唱一大段耶！吸氣又來了、吸氣又來了，那時候學就覺得崑曲怎麼這麼難？跟京劇完全兩碼子事，光是在曲調唱腔上就有很大的不同。

我以前看崑曲就想說：「怎麼小動作這麼多？難看死了。」等我真的排戲的時候，我就想說：「哇！怎麼這麼多動作？！」陸永昌老師就跟我說：「我告訴你，崑曲只要你一張嘴，就要有動作。」不像我們京劇就是坐在那裡唱，只要你有唱或念白，你就要有動作。那時候才讓我驚覺：哇！崑曲真的這麼深奧、這麼難！然後崑曲的身上、動作很多，之前看張靜嫻和岳美緹〈梳妝〉排戲，本來想說梳妝有什麼好演的？一去看排就驚訝於可以把梳妝演成那樣！一個眼神、一個小動作，都讓我很驚訝原來還可以這麼演，真的好細膩、好棒，會去思索他們怎麼想得出來要這麼演？京劇的動作都講究「大氣」，動作不要太多，擺得好了、「脆脆噹噹」的，它小動作比較少。京劇分流派，馬派來講注重瀟灑，任何動作都瀟灑；楊派注重悲慘，因為他的嗓音聽起來比較悲慘，像演楊家將最後在金沙灘唱得真慘，也不太有什麼做表，就自己陶醉在那邊就對了，以唱為主；余派就是嗓子好為主，繞樑三日，講究唱。我們說「唱念做打」嘛，「唱」排在第一個，可見「唱」在京劇中的重要性。

我想說崑曲怎麼不是一大齣戲？老是一折一折戲？後來學了就發現：原來光是這一折就這麼棒！這麼精彩！好多東西在裡頭。很多東西就是這樣，你沒有真正入門，就不知道它好在哪裡、難在哪裡，入了門兒才懂。

還沒參加洪老師辦的崑曲班正式學崑曲前，只覺得崑曲有什麼？並不覺得特別難，真正開始接觸後，對我來說情緒要由內而外、曲調唱腔、小動作很多，是個震撼，體認到崑曲真的不容易，要好好學、仔細學。至於道具我覺得還好，即使真的要動到什麼東西，我們也是很快就上手的，因為京劇裡都有的，扇子、劍、水袖等對我們來說都不難。

問：學完崑曲後，是否對京劇技藝產生幫助？請問您具體運用在哪些地方？

王：學完崑曲後對京劇有很大的幫助，很多東西變得會從內心出發。崑曲有很多內心的動作，這是京劇所沒有的，我才驚覺：崑曲真是不簡單。崑曲

的戲都從內心出發，刻劃得很深刻！很多小動作，每個動作都是恰到好處而且是很漂亮的，而且你一定是唱到這兒是這個動作、唱到那兒是那個動作，很精準的，就讓我覺得：崑曲真的不容易。京劇就是比較「大氣」，但也就是因為這樣，很容易程式化，坐下來一唱就是一大段，比比手勢就好。崑曲的一些小動作，在京劇上是不能用的，你做了人家就覺得不像話了。但我會把這些小動作化掉，從心裡頭去出發，像京劇表現難過的時候，就起「叫頭」（鑼鼓經）後念「我娘」、「我兒」，但在學了崑曲後，我會在出口叫娘前，從內心出發，加入一個吸氣，給他一種比較深刻的感覺。

　　像我第一次跟陸永昌老師學〈打子〉，最後鄭儋把鄭元和打死時，最後鄭儋去摸鄭元和的頭，臉上就有非常悲悽的表情，我就看他一個表情之後就不動，眼睛閉起來，然後趴下去兒子身上哭。我一看整個雞皮疙瘩都起來了，就覺得「他可以這樣做喔！」京劇是不可能有這樣的東西的。內心那種難過、難過、難過，而後噴出來的那個情緒，是我內化到我京劇表演裡的東西。

　　就像要演看到了一棵樹，你就要從內心去看到一棵樹，觀眾才會覺得你看到了一棵樹。我是個表演者，我表演的時候要帶著觀眾進入我的世界，誰也都知道我這是在表演，哪裡有棵真的樹，是不是？你要真看到了，觀眾才看得到東西。後來跟羅勝貞合演《四郎探母·見娘》那一場，這是京劇裡常演的戲、經典好戲，誰都會唱。我就跟他說我們兩個來弄點不一樣的吧，我就想說要怎麼把它加工，就增加了四郎的內心戲，加了一些情緒在裡面，配合的人也很重要！後來頗獲好評，這是我從崑曲中學來應用在京劇中的部分，是我學崑曲後的改變，從內心裡轉化出來的。京劇誰都能演、誰都能唱，戲都是好戲，但如果你加了點內心戲在裡頭，從心裡頭出來點東西，就豐富了角色。

問：是什麼支撐您在本身的團務安排、練功、上課外，又再參加外團演出，並配合學習新戲碼（僅論傳統折子戲）？

王：老實說洪老師找我去演戲我會答應的原因在於——我希望洪老師找老師來教我們演戲，現在就想多學一些戲，而且我學了崑曲後覺得這真的是好東西，以前小時候學東西都希望老師最好不要來、最好可以偷懶，現在覺得「有老師的人好幸福」，尤其是在你演出的時候，有老師給你把場就好安心！所以現在會演主要是因為有些戲我很喜歡，然後洪老師可以請大陸老師來教我們戲。

問：請問您對排戲、響排的看法？

王：我們演員很重視排戲這一塊，因為到台上演得好了也是我、丟臉也是我，要對自己的演出負責就是要多排戲，我該練的我自己都會在國光先練，之後找配搭一起排戲，尤其是兩個人的戲，兩個人要有默契，就是天天要一塊練，每天都要在一起。你丟個東西過去如果對方沒有丟回來，就難受了，那種東西就要靠到舞台上去撞，很活的。一齣戲就是每天在一起，排一排就會有新東西，老東西是沒什麼，不過要是我們對一對就會蹦出火花，所以為什麼人家說演員要千錘百鍊，就是這樣排就會蹦出一些好東西來，要不然就很程式化。

　　演出前的響排也非常重要，所有的場面應該都要到，不能今天這個沒來、下次那個請假，因為戲的品質是算在演員的頭上的，我要對戲負責——我要跟場面合作嘛。如果演出時我跟場面沒配合好，比如一個「亮相」，我做完了場面才下鑼，觀眾並不會怪場面，會認為是我的問題，第一反應就會問說：「怎麼了？錯了嗎？」他們不可能說他沒打好，是我站在舞台上耶。因為我已經不是小孩子了，今天站上去，人家會說「王鶯華耶」，人家也不覺得是場面錯了，只會說：「耶？王鶯華怎麼沒在那一鑼裡？」變成是我錯了。隨便一個鑼鼓點給你打錯了，你就會心裡驚一下，情緒就快接不上來再回過頭假裝沒事，他又給你打錯，情緒就會一直被打斷，很難受。

問：請問貴團找大陸崑劇演員張毓文老師來教學，是否跟著學習崑曲？

王：他以旦角戲為主，你看匯報公演不都是旦角戲？平常排戲我很少去，我都是在邊上傍著老師，問是不是有什麼需要，如果是要配戲時才會去。但他上次來，剛好臺崑在大稻埕演兩天戲，兩天他們夫妻倆都去看戲。演完了第二天戴麒祥老師到團裡來，戴老師把羅勝貞誤認為我，就跟他說：「你昨天太棒了！」羅勝貞就嚇了一跳，問說：「我昨天怎麼啦？」戴老師就說：「你昨天那個《爛柯山》真的太棒了！」羅勝貞就跟老師說：「老師那不是我，是王鶯華！」那時候沒找到我，是羅勝貞給我轉述的。隔幾天我去排戲，張毓文老師就指著我跟戴老師說：「這才是王鶯華。」戴老師就讚美我，說我一個女老生能這樣不容易，講完了後，張毓文老師就說：「我下次來要教你一齣戲。」我就說：「你要來阿！你沒來我也沒得學。」張毓文老師就說：「我下次來要說一個以老生、旦角為主的戲。」

附錄二十二：陳元鴻訪談稿

陳元鴻，國光藝校七期生，工文武丑，師承陳華彬、張化宇等老師，現為國光劇團青年丑角演員。參與台灣青年戲曲訪問團、台北新劇團、台北市立交響樂團、綠光劇團、臺灣崑劇團、蘭庭崑劇團、二分之一 Q 劇場、本事劇團、當代傳奇劇場等演出。

訪談時間：西元 2014 年 3 月 7 日 13：40

訪談地點：木柵戲曲學院國光劇團中庭

問：開蒙戲為何戲？

陳：我的文丑開蒙戲是《烏盆記》的張別古，是我主要實踐出來的，還有《辛安驛》的陳氏，其他都是跟著學、不見得有唱到。後來兩校合併後才開始跟張化宇老師學武丑戲，後來也學了很多武丑戲。

問：請問您什麼時候開始接觸崑曲？學崑曲的目的為何？

陳：小時候跟陳華彬老師學過《昭君出塞》的文丑，陳華彬老師是復興劇校復字輩的陳復彬。

問：請問您在國光在校期間所受之教育為？是否與您學習崑曲有關？

陳：就我個人來說，我學戲不會特別分京崑兩個類別，我把它們綜括在一起，學就是了，不會說京是京、崑是崑，都是戲曲表演體系。崑曲本來就是京劇演員必備的要素，我們需要學習崑曲，不是說為了學崑曲而學崑曲，京劇裡本來就應用到很多崑曲，像小花臉不知不覺牽涉很多崑曲戲，不用特別去接觸就一定會學崑曲的。

　　像我在學校就曾接觸崑曲，只是並非以崑曲這個劇種做為學習的出發點，國中三年級時，國光藝校與復興劇校合併，高中就跟張化宇老師學武丑戲，像是〈盜甲〉、〈借扇〉，這些唱的都是崑曲，專業的崑劇團也演這兩齣戲，同時這是學京劇武丑的必修課程。所以在我的思維裡，是沒有京是京、崑是崑的符號區別的，不是特別去學崑曲。或許有些京劇演員會為了學崑曲而特別區分開來，認知他是在學崑曲，但我的定調不一樣，我不會區分京崑，如果說我今天要去學崑曲，那麼就是特別去學一齣在京劇團裡沒那麼通俗、沒那麼普遍的戲，但在崑曲裡很普遍，像〈說親回話〉，這在崑曲裡很普遍，但在京劇裡是不會有的。像〈湖樓〉、〈酒樓〉的小花臉戲，只有崑曲在唱，京劇坐科的時候是不可能學到的戲，但京劇坐科時還是會學到一些唱崑曲的戲，像《昭君出塞》的文丑。所以京劇演員的養成是以京劇為表演主體，綜括了崑曲的部份。

問：是否參與崑曲傳習計畫？

陳：我完全沒參與過崑曲傳習計畫，那時候我好像才國三或高中而已，所以跟我年齡相仿以下的演員都沒參加到，未曾直接受惠於這個計畫，受惠於這計畫的都是現在的資深團員，像是劉稀榮老師、陳美蘭老師、陳利昌學長等。

問：請問您崑曲學過哪些劇目？如何決定學習的劇目？向哪些老師學習哪些戲？

陳：進劇團後跟著劉稀榮老師又學了些崑曲，因為我覺得一個演員要不斷學習。之前跟計鎮華老師合演的〈掃松〉，我是先看帶子，計老師和劉（異龍）老師來了之後也跟我說了一下戲。

　　當代傳奇劇場有個苗尖子計畫，第一屆丑角組請到了劉異龍老師來臺灣教〈下山〉，是小班教學，有名額上限，老師也不樂見他有一大群學生。當時選了三個丑角演員去上課，我是其中之一。這齣戲在劉老師來教之前我就會了，先跟劉稀榮老師學過，這次又去臨摹了一次。每堂課先是拍曲——這也是我印象最深刻的部分，之後就練功和教戲裡的技巧，教了〈下山〉中的基本功，像是水袖、圓場、佛珠，之後演這齣戲就比較得心應手了。這是我比較完整接觸過的崑曲劇目，如果要說我學過崑曲的主要角色戲，就只有劉異龍老師教的〈下山〉這齣戲。

　　之後張銘榮老師也給我說過幾個崑曲裡二丑、三路丑角的戲，也就是一些配活兒，比較印象深刻的是《獅吼記》裡的蒼頭、家院，還說了一些

其他的，張老師給我說過這種小角色，也看了很多張老師的戲，像〈湖樓〉、
〈遊殿〉等。

問：〈下山〉的學習心得為何？

陳：〈下山〉這齣戲很棒，就我所知這齣戲是崑丑坐科時就會的戲，還是小朋
友的時候就會唱了。是很好的文丑入門戲，它有很多丑角身法的應用——
台步、水袖、丑角的姿勢造型，其中有很豐富的文丑底蘊在裡面，特別適
合當開蒙戲。這齣戲有個有名的說法「五毒戲」之一，蛙形，其中還有很
多的唱念，都是文丑很基本的，他的身段又都是規範的。文丑若會了這齣
戲，那他的基本功就不會太差，以小丑來說——先不論大丑——水袖會到
位。如果很紮實地學了這齣戲，能幫助丑角的四功五法做得很到位。而且
這戲就算到職業團隊來演還是很棒，因為這完全是以丑角為核心主要角色
的戲，所以唱念身份都集中在同一個角色上面，戲特別重。

　　〈下山〉這戲我也是進了團才跟劉稀榮老師學，私下也是一直看帶子
練習，我又上台實踐過幾次，又跟劉異龍老師密集地學，這麼多年來，我
也是裡裡外外唱了好幾遍。這齣戲我還說不上很好，但經過這麼多年的累
積，在身法和唱上來說，算是我演得很穩定的戲。〈下山〉和〈盜甲〉算
是我累積得比較多的戲，不停地聽、看、學、練，因為這兩齣戲也不是上
課時就能夠學好的戲，私下都要自己不斷地反覆練習。

問：您喜愛的崑曲劇目為何？

陳：小時候覺得美猴王很帥、很厲害，會很多東西，是丑組的偶像級大角色，
也就是男主角，因為那齣戲份量很大，你需要很多的小猴子來配合你，就
是個超級主角。但現在長大了就不一樣了，我喜歡的崑曲戲很多，《蝴蝶
夢》裡的老蝴蝶、〈下山〉的本無、〈盜甲〉的時遷、〈活捉〉的張文遠等
等都不錯，我都很喜歡。戲份多，加上這些戲的表演藝術對丑行演員來說
都有一定的幫助。

問：您常演的崑曲劇目為何？

陳：我常演的就是〈盜甲〉和〈下山〉這兩齣戲。因為我小時候被分到武丑
組，〈盜甲〉是武丑組中很重的一齣戲，而且也是五毒戲之一，壁虎形，
算是我的武丑開蒙戲，跟〈下山〉一樣都是武丑一人在台上到底的戲，一
個人手眼身法、唱念做打，一個人到底。這兩齣戲我被刻得還滿深的，〈盜

甲〉我在學校演過，是我主動跟老師說我想演的，所以經過老師雕過，入團後也演過。

問：請問跟京劇演員、崑劇演員學習崑曲之間的不同？他們對您在崑劇專業的幫助上分別為何？

陳：〈下山〉這戲剛開始在我進國光劇團後，劉稀榮老師在團裡的業務之餘，抽空私下給我說了這戲，花了一段時間，因為每次都是抽個十分鐘、二十分鐘說一段，然後就拉身段。劉稀榮老師在傳習計畫時跟成志雄老師學過這戲，那一屆還有陳利昌學長，其實這戲丁中保老師、張化宇老師也會，本來在學校的時候，張化宇老師就有計畫要教我們這齣戲，只是後來就沒教了。老師也沒教我們前後兩屆的這齣戲，也就是沒傳出來，後來張化宇老師有傳出來。

　　兩三年後在當代傳奇劇場跟劉異龍老師學，因為是兩個月的課程，一週上三次，每次兩小時，上得很磁實，因為一直反覆地操練，所以就演得更穩定。

　　跟兩個老師學戲其實是一樣的，主要是跟劉稀榮老師學戲的時間比較零碎，說得比較緊湊，利用團務我們兩個有空的時間，抽空教的，很倉促地學，就是把一招一式學起來，說完了就拉一拉。跟劉異龍老師學戲的話，老師是在一課堂上，固定時段上課，有比較多完整的時間可以學戲，也可以針對細節給我加強。

問：請問您對於樂隊的看法。

陳：國光近幾年崑曲都由李經元學長演奏，他是坐科出來的，所以他對我的需求比較了解，他比較懂，我需要什麼就跟他說一下，他跟我合在一起比較快。不過當然比不上大陸的一級演奏員，人家天天配合，深刻在腦裡，他們的配合就太契合了。

問：在您參與崑曲演出後，觀眾結構是否有所改變？

陳：我覺得應該多少有些影響，這也是我唯一經營自己的方法。戲曲演員很辛苦，演員要學會經營自己，一個演員不能夠光是台上好，他還得必須台下也要好，沒有人認識你，你一出來也沒用，所以你要一直行銷自己，讓觀眾留下印象。如果我沒有透過不斷學習、演出，恐怕也沒有人認識我，我也不可能在團隊中有曝光率，甚至嶄露頭角。演員若是有真功夫，台上好，可是台下觀眾沒一個認識他，那他功夫再好，大家不認得他也沒用。

問：請問您在京崑的學習中，認爲崑曲與京劇有什麼不同？在學習上有什麼
　　困難？在表演講求上有何不同？您認爲學習的困難點與挑戰爲何？學習
　　崑曲的心路歷程與轉變？

陳：我覺得崑丑的戲比較豐富，主戲也比較多。早期差不多是我剛從戲校畢
　　業的時候，上網查了大陸的中國戲曲學院，他們招生除生、旦、淨、丑外，
　　還特別單招了崑丑組，所以代表崑丑不簡單，而且也被精化到京劇之中。
　　也因此了解到：崑丑的主要劇目其實很多。

　　　　依我的了解，崑在四大行當——不論生、旦、淨、丑——沒有偏重哪
　　一行，每個行當都重要，在我接觸大陸崑團的經驗裡，崑曲丑角是比較豐
　　富的，因此這個行當在這個劇種的份量很重，崑曲有很多丑的主戲。丑角
　　在崑曲來說更精緻，因爲他有更多主戲，以丑爲主體，唱、念、身法有一
　　定編排，不再只是小角色。我可以運用在京劇表演中，更豐富我的作表、
　　增進情緒化的表現、鋪陳身段。像京劇偏重生、旦——老生、青衣——最
　　重，其他角色像丑就排後面，要唱不唱都可以，比較不管他的表現，永遠
　　就站旁邊、就是那樣子。

　　　　崑曲來說就不一樣了，丑角在崑曲來說，感覺也是一大行當。即使是
　　配戲的角色他在戲中的戲份也高、比重也多，不管配花旦、老生、武生的
　　戲，配戲的戲份滿強的，跟京劇不一樣，並不只是個二丑、三丑以外的小
　　丑，而眞的是個小丑。京劇的丑角如果是主角，那身段上來說可能會豐富
　　些，那如果是邊配的——二丑、三丑，就不需要太詳細、旁邊配好角色就
　　行了；但崑曲就不一樣了，即使是小人物，他有他的角色在那兒，有些小
　　人物的動作，這是崑曲才有的。

問：學完崑曲後，是否對京劇技藝產生幫助？請問您具體運用在哪些地方？

陳：比如說在配唱的時候，可以豐富一些小人物的角色，水袖的運用也好，
　　或是小丑的身形。崑曲裡面很多，但京劇裡面並沒有太多。像是〈湖樓〉
　　的酒保，表演很豐富，但他只是個小丑，他是個小人物，可是他有很多小
　　丑姿態，他和小生之間是很豐富的，感覺比重會差不多。〈活捉〉的張文
　　遠也是，戲份很重。〈說親回話〉的蒼頭，戲份也很重，小生再來就是小
　　丑了，小生是男一、小丑是男二。京劇除非有特定角色，不然很少會這麼
　　精鍊。

問：是什麼支撐您在本身的團務安排、練功、上課外，又再參加外團傳統戲及小劇場演出，並配合學習新戲碼（僅論傳統折子戲）？

陳：感覺我好像很常演崑曲，對吧？其實我常演的原因跟崑曲無關，是因為我想去實踐我的舞台理想。看起來我好像很常參與外面崑劇團的活動，其實我這是在經營我自己——增加我自己的演出機會和曝光度，我必須找到地方讓我實踐我的舞台表現，這是我跟其他劇團合作的主要想法。他們給我發揮的機會，讓我可以推銷我自己，感覺我好像涉獵了很多戲、有很多演出，但如果你以前只看國光劇團的戲，你可能不太認識我。我入團九年了，也是這兩三年才有所起步，這些都是經過我這些年來有所安排而得的成績。

外面的團的邀約我一般都會答應，主要是可以實踐我想要達到的目的。因為演員要常常上台，而且要在舞台中央，才能保持戲感，那個壓力、壓迫感和氛圍是不一樣的，你如果不常在這種壓迫感的狀態中，突然面對要上台並且擔任要角，我覺得對演員來說是一種傷害。這也是為什麼我接受外團的邀約，因為我想要去適應那種壓迫感，如果你過了很久才又站在舞台中央，那種感覺會不一樣。如果我一直站中間唱那還好，可是如果我一直站旁邊，哪天頂上去，除非我天份太好，否則你不會立即就有很高的穩定性，你不會那麼穩定。我十九、二十歲剛畢業才入團，第一次上臺演崑曲就是跟計鎮華老師合演〈掃松〉，那次我演得不好，被罵得很慘。演得不好的原因主要是我失常了。計鎮華老師是什麼人啊？臺下坐了滿坑滿谷的人都是要來看計老師演出的戲迷，我被那個盛況嚇到了，我的狀態就不是太好，就失常了，那種壓迫感很震撼。因為我畢業後大概有半年、一年的時間沒在台上演主要角色，進團後都配演、當班底，就會忘記那個壓迫感，這在我剛入團的時候就在思考，也是我之所以不斷參與外團演出的原因。

私下臨摹得再好都沒有用，臺上的壓迫感不一樣，你準備好後也要有地方給你去演。戲曲演員很辛苦，戲學得好不是重點，要能夠上台實踐，自己私下練了好幾遍跟上台上一次那種感覺是不一樣的，而且第一次演是不會好的。上台也不是一次就好了，後面幾遍也唱得滿爛的，有投入角色的過程的壓力，心臟要去適應那個壓迫感。戲第一遍我都不會覺得演得很好，所有的戲都是經過無數歷練才好的，好戲多磨，演得次數多了，戲才能演得好。

　　我覺得演員就是要多方磨練、多方學習，就像觀眾也不要只看京劇、只看崑曲，我覺得那樣太窄了。我今天不會因為我看京劇就不去看芭蕾舞、聽爵士樂、聽朱宗慶，他們那麼有名，總是會去接觸的吧。如果是有一定水準的觀眾，是會去多方接觸的吧，如果他的造詣很高的話，他是會尊重你的。我覺得沒必要把京劇、崑曲區分的那麼開，有些觀眾喜歡京劇、排斥崑曲或反之，兩者真的差很大嗎？不見得吧。我覺得這兩者的出發點都是一樣的，如果真的差這麼多，我覺得京劇演員就不會學這麼多崑曲了，像〈盜甲〉、〈借扇〉等等，都是京劇武丑演員在唱的。京劇小生也唱崑曲，如果照戲迷喜歡京劇、排斥崑曲的角度來說，那就都別唱了，尤其是在沒有職業崑團的臺灣來說，就更不需要這樣，應該要更支持本土化。

問：請問跟張毓文老師學習了哪些劇目？

陳：老師主要管旦行，有要配戲的時候我們會去，老師會跟我們說一點路子，如果要更了解的話，還是必須要去看錄像。

問：請問您崑曲學習及演出間，您的想法及做法為何？

陳：像我明日（3 月 9 日）在國光劇場演出的〈活捉〉，這齣戲劉稀榮老師跟我說過一點，這齣戲劉稀榮老師也讓劉異龍老師指點過，但主要是看帶子學的，自己找時間唱、練，第一次演滿緊張的。其中張文遠作法要嚇退閻惜姣的鬼魂那段，以京白而不以蘇白詮釋的原因是我希望可以跟觀眾互動，這場戲是在台北演的，所以我想用京白沒有不適合的。也因為在台北演的關係，所以我選擇說行天宮，而不按劉異龍老師的路子說城隍廟。

附錄二十三：陳美蘭訪談稿

　　陳美蘭，小大鵬第十一期生，工青衣、花旦，師承劉鳴寶、畢正琳、秦慧芬、趙榮來、夏元增等老師。畢業於中國文化大學戲劇系國劇組，曾任職於大鵬國劇隊，現爲國光劇團旦角演員。參與「崑曲傳習計畫」第四～六屆，師從張繼青、王奉梅、梁谷音、張洵澎等名家。曾獲具有潛力旦角演員獎。

　　訪談時間：西元 2014 年 3 月 13 日 10：20

　　訪談地點：木柵戲曲學院國光劇團二樓演員休息室

問：開蒙戲爲何戲？

陳：開蒙戲是劉鳴寶老師教《五花洞》。

問：請問您在大鵬在校期間所受之教育爲？是否與您學習崑曲有關？

陳：在大鵬期間只有入學之初由杜自然老師教曲牌課，在京劇的演出中演些小兵、龍套。並由秦慧芬老師教崑曲《金山寺・水鬥》這一折，其他〈斷橋〉等都按照京劇的傳統。那時候學崑曲僅著重於武戲裡群場的幾段曲牌，也耳聞師姐們學的《牡丹亭》中〈春香鬧學〉的【小春香】一段。此外都是口傳心授的京劇劇藝訓練，回想崑曲的學習只是片段而已。對崑曲的了解就是武戲的曲牌罷了！

　　大鵬早期的師資最好的時候差不多是一到七期那時，因爲那時候老師們的身體狀況最好，年輕有體力很肯教，像白玉薇、秦慧芬、劉鳴寶、畢正琳。到我們比較後期的時候，老師們年紀就比較大了，教的老師就比較少了。不過也有句「師父領進門，修行在個人」，那時候就找出了個靠自己的方法，看錄影帶、聽錄音帶，哪怕要看一百遍，我也要看出老師表演的訣竅，不斷地重覆看，就像學語言一樣，一直自習。

　　當時好像是高蕙蘭高姐，請來汪世瑜老師、王奉梅老師教〈琴挑〉，在一個小空地學。我們學崑曲的順序跟大陸崑劇團培訓崑劇演員不太一樣，他們可能是循序漸進地教學，有一套方法，但我們是劇團先想了要演哪齣，然後安排老師來教戲，過程比較顛倒。

問：請問您什麼時候開始接觸崑曲？

陳：在大鵬時，因徐露、王鳳雲、高蕙蘭等學姐演出〈遊園驚夢〉，我們來花神，以生旦淨丑不同扮相代表每個月不同的花，在國父紀念館演出、場面浩大，覺得很不得了，而且花神是男女老少、各種角色都有。當時雖然是高中左右，但是還是懵懵懂懂的，並未想說要對崑曲加以鑽研，因爲過去唱京劇的時候，一些武戲，在行軍走路時唱的都是崑曲的曲牌，所以就覺得崑曲也是京劇的一部分。

　　民國七十九年受水磨曲集崑劇團團長陳彬之邀，第一次演出《還魂記》，也就是崑曲《牡丹亭》。我也不清楚他們找我的原因是什麼，大概是我那時是年輕演員，想給年輕演員機會。他們邀請的演員陣容是大鵬國劇隊的演員，高蕙蘭飾柳夢梅、我飾杜麗娘、學妹王菁飾春香。當時他們給了我張繼青版的《牡丹亭》當做參考資料。他們要我演的並不是完整版的《牡丹亭》，比如〈遊園〉是從梳妝開始，所以也省了一兩支曲牌，因爲張繼青是蘇崑劇團，怕我們咬字學得不準確，要我們按照京劇的發音就好了，當時年紀輕，什麼都不懂，不知天高地厚，依樣畫葫蘆地就把它演完了。當時覺得有機會演團外的戲就多了登臺的機會，抓住機會上臺，也能學習一些京劇以外的表演，不過它們的基礎都是一樣的，有相同的身段、水袖表演，而唱腔卻是完全不同的表演方式，雖然沒有老師教，但水磨提供了我錄影帶和劇本，我花了很大的功夫盡量模仿老師的表演，雖非完整的折子戲，都經過縮減、仍有頭有尾的，一直演到後來起死回生的那一折。

問：崑曲傳習計畫起向哪些老師學了哪些戲？崑曲傳習計劃開始前後學習崑曲有何不同？

陳：學崑曲的目的是希望對自己京劇身段表演有學習、進步之磨練。進國光劇團才參加崑曲傳習計畫，那時開始大量學習崑曲。通常是爲了演出而學戲，每齣戲差不多都學兩、三個月。除了傳習計畫，尚有臺崑、蘭庭爲我們請來了大陸老師，如王奉梅、蔡瑤銑、沈世華、張洵澎、張繼青、華文漪、周雪雯、張毓文、唐韻蘭等老師，向他們學戲，有老師的指導，從拍

曲到學身段，經老師嚴格督導，唱腔韻味、咬字唸法及身段地位都被準確要求。學過《牡丹亭‧遊園驚夢、寫真、離魂》、《爛柯山》、《長生殿‧小宴驚變》、《獅吼記‧梳妝、跪池》、《蝴蝶夢‧說親回話》、《水滸記‧活捉》、《金雀記‧喬醋》、《玉簪記‧琴挑、偷詩、問病、秋江》、《百花記‧百花贈劍》、《琵琶記》。國光請了蔡瑤銑和蔡正仁老師來教我們〈小宴驚變〉、〈喬醋〉。張洵澎老師教〈百花贈劍〉，張繼青老師教〈寫真、離魂〉、〈遊園驚夢〉。周雪雯老師教〈琴挑〉和〈偷詩〉時，身段細緻講究，並且又不斷設計新身段，之後又教我們《琵琶記》、《長生殿》。蘭庭請沈世華老師教《牡丹亭》（濃縮版）更是細膩入微，由於學戲時間短暫，須先將唱曲、念白學會、背熟才能有效率的學戲、改毛病，將唱念、身段表演融為一體。

問：您喜愛、常演的崑曲劇目為何？您演來得心應手的角色為何？

陳：《玉簪記》、《牡丹亭》、《爛柯山》、《長生殿》、《獅吼記》、《蝴蝶夢‧說親回話》、《水滸記‧活捉》等都是我所喜愛的劇目，其中《玉簪記》、《牡丹亭》、《爛柯山》、《蝴蝶夢‧說親回話》、《水滸記‧活捉》是我常演的劇目，因為較常演，加上隨著時光流轉每次演出都會有不同體會，有檢討與改進的機會，所以相較下人物掌握也比較有心得。有些戲先學了沒演真的會忘，忘了之後就覺得挺可惜的，雖然學的時間短，不過在舞台上實踐的經驗是很特別的，有演出的話記憶會特別深刻，跟單純地學、上課不一樣，不只是要把戲練到熟練，希望更能準確掌握劇中人物的精神。有些戲看錄老師（編按：看「錄像帶」）的時候，可能只注意到他的身段，卻忽略了他的表情及內心部分，等到演的時候才發現只知其一、不知其所以然，所以有機會的話想多演出、多磨練。

問：本身的行當與崑曲劇目學習的行當是否有關聯或影響？

陳：剛開始學戲時，以適合自己的戲路、能力所及為主，覺得這樣比較有把握，劇團通常也如此安排、派戲，這樣其實是一種「戲保人」的方法，避免吃力不討好，但也容易被定型。之後因為喜歡某些劇中人物及具挑戰性的表演，像〈癡夢〉、〈潑水〉這樣跟杜麗娘反差很大的角色——嫌貧愛富、長相普通的女子，演起來又感覺很自然，對於內心戲的挖掘、表演的增強，做為拓寬戲路之目標與方法，希望能嘗試與自己夙昔形象不同的人物，多演不同的角色多嘗試，豐富自己的表演。因此很想自己主演《爛柯山》，

因為崔氏在劇中有不同的心情轉折，表演性很強。同時也想演出真實人物寫照的戲，像《獅吼記》那樣生活的場景——吃醋，在京劇裡通常是只有小花臉、小花旦才有那樣比較生活化的表現，覺得可以去刻劃小人物這點很吸引我。之前國光推出的《河東獅吼》（崑），劇團考慮到我的形象而且團裡的旦角多，讓我演出〈梳妝〉、讓李光玉演出〈跪池〉，其實我很想一氣呵成從〈梳妝〉演到〈跪池〉，後來楊汗如找我在傳藝中心合演〈跪池〉，我才有機會演出這折。柳氏並不是很單一的個性，她的情緒都是由愛而生的，是一直進退的，可以隨著劇情人物吼罵一下，體驗人物的不同心境，後來就演全齣了。演員們都要透過不斷地演出才會知道自己是否適合這條戲路，不過，演員們對自己的要求都是希望盡量「演什麼像什麼」，挑戰與自己過去常演形象不符的人物，對演員來說能激發潛能，期許自己像海綿一樣不斷吸收。

問：請問您參與哪些劇團或在哪些場合演出崑曲？

陳：曾參與水磨曲集崑劇團與高蕙蘭及王菁在國軍文藝中心合演《還魂記》。之後又參與二分之一 Q 劇場與楊汗如在國家戲劇院的實驗劇場、皇冠小劇場等演出實驗劇《柳·夢·梅》、《情書》、《掘夢人》，並應邀到法國演出《情書》，驚豔保留於原汁原味的崑曲唱、念、表演，而能融入多媒體等現代劇場原素。

問：請問您的崑曲演出合作對象為？

陳：演出的合作對象京崑專業演員、學生、社會人士、京崑熱愛者皆有。與京劇演員合演崑曲時，因為彼此有共同的目標——拓展戲路、增進表演技藝，只是我們的共同問題就是咬字、唱腔、韻味不到位。與崑曲曲友及崑劇演員相較之下，他們不只視譜能力強、學腔快、準確度強，包括表演、身段、韻味等都在我們之上。

因為我們京劇演員在同一齣劇中，不論是各有師承，或是各有較傾心的演員，當合演時不免要互相配合，如我演出《水滸記·活捉》及《爛柯山》的經驗。

像我上週六（3 月 8 日）在國光劇場演出的〈活捉〉，演張文遠的陳元鴻是由跟劉異龍老師學過的劉稀榮指導，我自己是參考梁谷音老師和洪雪飛老師的錄像揣摩的，演過了幾次，因為年紀的增長就有不同的體會與想法。因此，我希望能就我自己目前的嗓音條件，中和梁谷音老師和洪雪

飛老師的兩種不同路子的表演，不過因為陳元鴻學的是上崑的路子，加上可能洪雪飛老師的有些動作我做不來，為了整體及搭配效果，我們就以上崑版為主，避免我們一個人是上崑版、一個是北崑版，演起來可能疙疙瘩瘩的。比如戲裡有一段是【罵玉郎】「小立春風」是以我為主的歌舞，他就配合我，有一段是以他為主的舞蹈【錦後拍】，我就配合他，這兩大段是我認為這齣戲裡最美、最大段的主唱段。戲裡有好幾次閻惜姣叫「三郎」的不同念法，一次是洪雪飛老師念「三～郎～」時，是先強漸弱的，很有感情，是很愛張文遠的感覺，不是很犀利要來索命的女鬼的感覺，是愛得很淒楚的感覺。還有一次是接張文遠唱【錦中花】的「你只該向嚴武索命頻，憑什麼恨王魁負桂英」，閻惜姣要念「三郎」，這處我們以我個人嗓子條件做了調整，避免吃力但不討好。上崑梁谷音老師的路子，是馬上切斷張文遠，先叫板「三～郎～～（弱起漸強漸弱）」後才「乍」（編按：鑼鼓經）起【錦中拍】唱「你只…」，是切住重啟，把嗓子撐出來，聲音顯得淒美，是鬼魂心有不甘自陰私地府到陽間來找他一同到另個世界的表演方式；而北崑洪雪飛老師的路子，則是在【錦中花】最後一小節的板、頭眼張文遠唱「負桂英」，後面中眼、末眼處夾白「三郎～」進【錦中拍】唱「你只…」，唱段節奏不停、沿著原來的節奏繼續下來，聲音較帶感情，能讓人感受到雖則閻惜姣已成鬼，卻依舊保有人性化的感情，她此行的目的是為了愛情的完成而來把張文遠帶往陰間繼續他們未完的前緣。總的來說，各有特色，一方面是我自己的嗓音條件，洪雪飛老師的念法對我來說比較不吃力，另一方面也是整體來說我個人比較喜歡洪雪飛老師的詮釋，閻惜姣比較人性化，對張文遠是出自感情而不是怨恨，人物是多情而可愛卻不可怕。如果有機會再演的話，希望結局能演北崑版的在【萬年歡】中拿紅綢子勾走張文遠的魂魄、還在他的鬢上插上一朵紅花，歡天喜地地到陰間締結良緣，身段是很甜蜜的，新郎張三郎就像是傀儡，有個閻惜姣拉住張文遠的雙袖、張文遠就甘願地將手從袖中褪去，象徵著張文遠漸漸失去靈魂、心甘情願成鬼魂的狀態，原來讓人嚮往的愛情是可不惜一切跟隨他到天涯海角的；上崑拿黑白綢子勾走張文遠的魂魄，讓我感覺很淒厲地要去索命，淒美的感覺相較之下比較不夠。

　　而演《爛柯山》時，有蘇崑的張繼青老師、姚繼焜老師的版本和上崑計鎮華老師、梁谷音老師的版本，因為我個人喜歡張繼青老師的路子，合

演的老生演員則喜歡計鎮華老師的路子，一蘇崑、一上崑，如何結合而不突兀，是我們在努力的目標。這樣的做法是一刀兩面的，一方面是沒有老師教，另一方面是我們可以增強我們的看法與主見，然後進行再創作，也因為我們彼此兩個版本都看了，就能夠了解為什麼他喜歡那個版本的原因。張繼青老師演的崔氏不是潑婦，是有轉折的，而且這戲崔氏和朱買臣都很重要，如果一方稍微弱一點，觀眾就會覺得欠缺了什麼。

　　每齣戲都有不同老師的詮釋，都是老師們不斷演出的經驗累積，來完畢、貼切地表演出劇中人物，不能只注重唱念作表，要為人物服務，從內心出發，人物的情感表達，裡頭有老師們精心設計的身段，所以才會成為經典，繼續保留、傳承下去。我每次演都會盡量找不同版本來看，看不同的演法，去找出我想詮釋的版本，每次演出，不能只照著老師教的演，還要看搭配演員的演法，若要融合兩個不同版本演員必須要互相配合、協調、顧及整體及搭配。每個老師有不同的風格、不同的長處，多學、多看，去吸收，絕對對我們演員是有很大的幫助的。比如學生或是團員若有機會多參與曲界或票界演出皆是好事，只要從正面的態度去看待這件事，因票界的曲友、票友認真且虛心學習的敬業態度值得我們效仿，不論表現的好與壞都是值得我們自我要求、檢討的鏡子，也可以從他們身上看見我們自己的影子，也或許票友們看到了某個老師身上我們沒看到的小地方，讓我們可以從另一面檢討自己。漸漸地成長後就發覺：觀察很重要，要懂得去分辨。

問：在您參與崑曲演出後，觀眾結構是否有所改變？崑曲觀眾與京劇觀眾的不同？

陳：在我參與崑曲演出後，我京劇演出時，觀眾多了許多曲友及熱愛崑曲的朋友來看我演出。京崑觀眾大多相同，皆崇拜名角、名師，也向他們學戲，看我們京劇演員演崑曲多給予鼓勵。

問：請問您在京崑的學習中，認為崑曲與京劇有什麼不同？在學習上有什麼困難？在表演講求上有何不同？您認為學習的困難點與挑戰為何？學習崑曲的心路歷程與轉變？

陳：我們總是抱著多學戲的心情學習崑曲，進入崑曲藝術殿堂裡，在不同老師的教導下，我們看到了老師們不同的風格，同一齣戲老師們演來大致相同，但在小細節處有不同的演法，因為不同的老師們各有不同的表演方式

和體會，讓我們學習到不同的表演方法，什麼樣的身段、眼神會讓人物更貼切，而且都很動人，增強了我們的觀察力，也讓我們更懂得運用技能並加入了自己的體會。剛開始我跟王奉梅老師學了〈琴挑〉，後來請了周雪雯老師來，裡頭有些身段、動作不同，想說要怎麼辦，就會卡在那裡。年紀輕的時候就會想說只學一個版本、避免混淆，但現在就覺得想多學幾個版本，而且周雪雯老師是專門教學的老師、張靜嫻老師是演員的老師，演員就有許多在舞台上體現的經驗，而周雪雯老師的教學很活，身段上不會一成不變，他教完我們之後再教其他人時，還會繼續針對角色進行動作的調整，就會感覺更貼近人物。能夠當面地聽老師講、分析他為什麼設計這樣的動作，是我們看帶子看不到的，他有他的創作歷程，對我們來說是受益無窮的，發現了這點之後，我就很把握上課的時間學習。後期因為嗓子的狀況，我需要時間調養，因此會看嗓子的狀況才決定是否去上崑曲課。

京崑除唱腔、咬字不同，身段、做表皆是一樣的手眼身法步，較不同的是崑曲老師皆帶學生看簡譜拍曲，京劇則是口傳心授。京劇的唱腔比較高亢，要有勁頭，必須得柔中帶剛、剛中帶柔，不是全部剛、也不是全部柔，唱腔皆有過門、四句慢板、流水，唱跟念多是人物形象較單一的表演、訴說內心複雜情感矛盾的比較少，內容偏於敘事，真正要挖內心的情感唱段設計較不多；崑曲的唱腔低迴婉轉的柔美的腔，感情內鍊，內容偏於抒情。必須要把兩種劇種區分，是我們京劇演員演唱時要注意的。京劇表演較崑曲外放些，崑曲較為內斂。了解到過去所學的身段是可以為了角色、人物來服務的，先將自己想做是角色，先從內心感受，看狀況也許需要一點身段。若光只想優美的身段，人物會是空的，只是為了表達美麗的身段而已，先想身段才去感受人物的內在的話就不對、跟人物不貼切。因為在崑曲的多年學習後，演出許多新編戲，發現了眼神對於戲中人物塑造的重要性，因此回頭演出崑曲折子戲像〈遊園〉、〈琴挑〉時，就會覺得杜麗娘、陳妙常的人物，是從內心找出來的，不是只是做美麗的身段而已，身段是自然而然做出來的，會著重在人物當時的心情，也特別注意人物的眼神的傳達。

過去我們京劇的眼神的學習，老師是這樣教的：「你從右邊，慢慢看到左邊，看到有支花⋯」老師會這樣教。現在也懂得透過眼神來帶動作，眼神先到了才帶著手一起過去，就會先用眼神來帶到下一個動作。而且眼

神有時候要在舞台上跟其他人物交流，有時直視、有時害羞、有時借位，京劇傳統上來說都比較是看著觀眾唱的。

崑曲的咬字、發音、身段、做表繁複，一句一個身段，沒有大段過門可休息，沒唱好時，口水會沒時間嚥，獨角戲如〈尋夢〉，整場戲下來又是唱又是身段，沒有停歇的時候，正是對演員的磨練與考驗。

因參與崑曲實驗劇演出，將過去所學的經典優美身段放下，由內心情境而生，將過去所學之基礎變化運用，加強我自身創作身段的能力，又學習看簡譜學唱腔，這些演出創新戲的經驗使我回頭演傳統戲時，便時常提醒自己不要把程式表演做為主要目標，而是發自內心的表演，由裡而外的真情流露，如此的演出才能更感人！

問：學完崑曲後，是否對京劇技藝產生幫助？請問您具體運用在哪些地方？

陳：從參與二分之一 Q 劇場開始，因為有時聽錄音他的唱腔並不是很清楚，我就開始比較認真地學看簡譜，雖然傳習計畫時就試著學過，但當時因為曲友們學唱很快、識譜能力很強，我們根本趕不上，只能回家把曲子「聽」會。也是因為覺得不足就開始學識譜，不過看得還是慢，因為不常看，不過就因此養成了識譜的興趣，有機會就會想看。我也發現崑曲演員從小就練習識譜，因為懂得看譜，加上咬字、唱曲準確，是我們京劇演員所不足之處，能夠幫助我對於表演的精準度，下功夫學識譜，由於有要求，因此精準度自然相對提高。學習崑曲後，喜歡視譜學腔，一來方便練習，二來較能準確音準。比如《三個人兒兩盞燈》中有些唱腔我聽錄音時聽不大準確，就請編腔的老師把他寫的譜印一份給我，邊聽邊對照著看，就比較能掌握音高，這對我來說有幫助也有收穫。《三個人兒兩盞燈》裡有一段吟唱的片段，獨處時要抒發內心，透過吟唱的唱腔把人物的情境表示出來，為使此段唱腔貼近吟唱的格調，我就用了崑曲的唱法，因為學過崑曲，編腔的老師就要我們自己去揣想要怎麼吟唱這段，這也是我學崑曲的另一個收穫。唱腔跟傳統京劇很外放不同，比較婉轉、表現出小人物——後宮宮女——的遭遇，就覺得要很細膩、由內而外地將情感宣洩而出，用比較崑曲的方式來表演。

崑曲柔美內斂的表演著重於內心戲，情感非常動人。動作可能很小，可是他從內到外的那個感覺反而很深刻，內心戲的蘊釀在新編戲、老戲中都會嘗試運用。像我們國光劇團的藝術總監近年來新編的戲，比較著重挖

掘人物內心的戲、篇幅比較大，情感並不是那麼外放，都比較偏重剖析女性深層心理，所以要演這樣的戲，光靠傳統京劇的表演經驗是不夠的，要借用崑曲那種內斂的表演方式來傳達。像那種挖內心的表演，他不會一直看觀眾的，就必須透過眼神表達情緒，我就從崑曲裡借用那種內斂的感覺。比如我演《金鎖記》的長安，有一幕是我知道母親（曹七巧）願意把我嫁給童世舫，那段唱腔是要形容自己好像在海裡抓住了一根浮木，在家裡每天都被迫吸大煙，但又無依無助，終於有機會可以脫離母親的控制，可以透過嫁出去有個機會可以改變一生，但又不能將喜悅之情明顯顯露於臉上，又開始揣想自己嫁出去後可以為心上人做些什麼佳餚，開始數菜名、數煮法（示範）。以往我們表演會看著觀眾唱、眼神打得比較遠，但現在是要先放出去再收回來，就像想事情是不會一直看著觀眾的，不過眼神也要為觀眾服務，因此眼神的收放就很重要。因為新編戲沒有老師教，我們不小心就容易脫了格，因此反覆揣摩，但也會期許自己在融入新元素後，不要變得四不像，會去想要如何能夠更貼近人物還有表演的形式，就覺得眼神的傳達加上聲音的表情很重要，因此身段就變成輔助性的表演了！

我們演員也喜歡看戲、看帶子，看一些成功的演員他是怎麼詮釋的，他打動人的地方是如何表演的，去看、去學，看別人的戲來揣想自己該如何演出，覺得很好玩。老師能教的畢竟有限，體現在舞台上的表演除了老戲還有新編戲，新戲的從無到有、配合鑼鼓點、音樂的強弱。

問：是什麼支撐您在本身的團務安排、練功、上課外，又再參加外團傳統戲及小劇場演出，並配合學習新戲碼（僅論傳統折子戲）？

陳：以演出、排練之空檔時間安排學習上崑曲課，多數是劇團安排為演員充電。工作之餘的學習皆以提高技藝水準為目的。多數是應邀演出，例如二分之一 Q 劇場、臺灣崑劇團、蘭庭崑劇團，我們不僅是朋友，又是臺崑與蘭庭的團員。臺崑與蘭庭走傳統崑曲表演路線，為我們請來周雪雯、張世錚、張毓文和沈世華等老師來臺教崑曲課、排戲，老師教我們是我們夢寐以求的，我們都等著老師來，我們京劇演員非常樂於學崑曲，更感動許多崑曲老師辛苦地指導。臺崑為我們請來浙江崑劇團，曾搭配演出《千里送京娘》；在蘭庭製作的故宮新韻「明皇幸蜀圖——《長生殿》」中，與崑曲名家溫宇航合演，獲益良多！

　　參與二分之一Q劇場的戲，他們的戲有點「半創作」，這麼說的原因是他們的戲不是完全新編的，是老戲用新的元素呈現，唱、念、身段是傳統的，只是讓我在蹺蹺板上、轉盤上、載卡多的上面演，所以原來的身段就沒辦法用，要重新再創造一個，就逼得自己也要發揮創作力。比如像這種十指交扣抵下巴的動作，我是看著生活中的少女去揣想出來的，會有些比較接近生活、現實的動作，這些是在老師們教我的身段基礎上，看小女生、看電視劇，去揣摩出來的。再比如像是《柳‧夢‧梅》中有個轉盤，可能是想要詼諧、調皮地表現柳夢梅被鬼追的感覺吧，柳夢梅和杜麗娘是站在原地走腳步的，但看起來就很像跑了好多地方，也表現出柳夢梅的恐慌、驚嚇。那時就得把自己化爲零，放棄所有現有的身段、不用它們，要從零開始想身段，要符合那樣的空間及調皮感。剛開始覺得很難，因爲一切都要臨場發揮出來，必須要從內心出發、挖出內心的情感，而且是從無到有全由自己創造，當然沒辦法一次就發揮得很好，但在多次揣摩中，就漸漸能玩出心得，找出合適的身段、激發自己的潛力，發現自己也可以找出身段，如何在舊有的身段中玩出新的樣子，用玩的心情讓自己不要畫地自限、被框框束縛住。

問：獨角戲教學的選擇上，爲何是〈思凡〉而不是〈尋夢〉？

陳：〈思凡〉一折唱念多，身段非常繁複，〈思凡〉的難度與〈尋夢〉相較下有過之而無不及。整場跑、搓、蹲、跳、抬等大幅度身段多，最適合練體力，這或許是老師們選擇〈思凡〉做爲獨角戲教學的因素吧！

問：請問貴團如何找大陸崑劇演員（張毓文）來教學？學習了哪些劇目？

陳：國光透過溫宇航介紹，請來張毓文老師來教學，將其所學之〈出塞〉、《琵琶記》等戲教與我們，一同上課的有王耀星、陳長燕、劉珈后等。後期有些戲我因爲嗓子的關係就沒去學，因爲旁聽但不唱實在很難過，所以就少學戲了。老師雖帶著不方便的病身仍無私、耐心地示範及教導，身爲國光的團員，不僅幸福又有福氣能得到許多好老師的傳承指導！

附錄二十四：吳山傑訪談稿

　　吳山傑，復興劇校二十八期「山」字輩，工淨行，師承林中植、夏韻龍、楊振剛、朱金貴、孟憲達、趙振武、曲詠春、賈士銘等老師。畢業於中國文化大學中國戲劇學系，曾任職於國光劇團，現為臺灣戲曲學院京劇團淨角演員。參與台北新劇團、水磨曲集崑劇團、臺灣崑劇團演出。

　　訪談時間：西元 2014 年 3 月 13 日 14：20

　　訪談地點：內湖戲曲學院復興京劇團演員休息室

問：開蒙戲為何戲？

吳：開蒙老師是復字輩的林中植老師，也就是林復植，老師對藝術比較執著，影響我們很大，跟老師學戲差不多是民國八十一年的事情。當初老師對我們要求很嚴厲，教戲的過程是強壓式地把戲灌入我們腦袋裡，因此給我們打下了深厚的基礎。我的開蒙戲是《五花洞》的包拯，緊接著就是《探陰山》。當初因為我們山班和下一屆重班兩班是實驗班級，重班一進學校就分科了，所以開蒙戲就打破了學習的路線，並未從花臉的基礎戲開始，像《大回朝》、《黃金台》，因為學校感覺好像這樣的教學方針有見效，就開始動些名劇、大戲，像是《龍鳳閣》、《盜御馬》等大戲，學些活兒比較大、是主角兒的戲。我在學校的時候學過的主戲有三十一齣，如果加上雖然是配戲的但也算是主角的話，我學了五十幾齣戲。

問：請問您什麼時候開始接觸崑曲？學崑曲的目的為何？

吳：民國八十三年我國一的時候，兩岸開放交流，於是復興請來了一批大陸老師來教戲，我和其餘四個同學被分發到跟夏韻龍老師學戲，半年內一共

學了八齣戲，其中包括崑曲《蘆花蕩》。很速成，一個多月就把它學完，沒那麼精煉，趕的把八齣戲學完，現在看就覺得不曉得在幹嘛就唱完了。每齣戲學完都要展演，挑幾個同學去演。當初學戲也就是學校選了我去跟大陸老師學戲，老師教的其中一齣戲剛好是崑曲，我學得時候覺得沒什麼，京劇老師教，我都覺得跟學京劇一樣，只有當我看崑劇老師教學生我才發現是兩道路線了。

《蘆花蕩》在復興來講，被歸類為武淨組的戲，因為他的功底要非常好，翻身、飛腳等一大堆的動，考驗演員的功底。我會認為這是一齣架子花臉的戲，並不是說身上多就是架子花臉，是刻於人物，講究人物、形體的擺飾方面比較特別要求。我後來演的《蘆花蕩》，是以小時候學的路子為基礎，路子裡的一些表達、擺飾要再重新修飾，也參考崑曲的錄像帶。不過我演的是保留在京班的《蘆花蕩》，所以比起真正的崑曲，比較沒有那麼踏實，像其中的板槽問題，我們已經習慣了京不受規範、拘束的情況，像什麼「大大」（編按：鑼鼓經）或「多囉」（編按：鑼鼓經）或「大」（編按：鑼鼓經），我們根本沒辦法在下鑼鼓的那一秒擺上動作，不是早了就是晚了，沒辦法那麼貼合，不過我還是一直往這樣的方向自己要求自己。

大陸現在崑團有演《蘆花蕩》嗎？都是京演《蘆花蕩》，唱西皮二黃，是齣「打內不打外」的戲。他是比較靜的戲，雖然整齣戲很吃功，可是觀眾不一定明白臺上的張飛究竟在做什麼。比較沒有劇情、人物的表現，展現的是演員的唱腔、功底。他講的是氣周瑜的橋段，以崑劇的方式把他演大了。

問：請問您崑曲學過哪些劇目？向哪些老師學習哪些戲？學習的心得為何？

吳：民國八十五年我讀國三時，當時學校的方針是要出國演出，希望能由花臉演齣舞蹈性比較高的戲，因為外國人聽不懂，他只能聽、看你跳舞。於是從大陸請來孟憲達老師教《鍾馗嫁妹》，他是郝壽臣郝派的路子，選了包括我三位同學去學。這齣戲師哥楊宇敬以前就跟復興的趙榮來老師學過，學到一半他就被派出國先去演出，他當時是演趙榮來老師的老路子。另一個師弟也是學到一半就被學校改派去學《霸王別姬》，所以最後只有我把這戲學全了，我往後演的都是孟憲達老師的版本。當時學完之後，在學校展演了一次，之後就出國演出了。趙榮來老師的版本，人物作表與京劇比較相似，比較簡化，像是老派的傳統花臉演法；孟憲達老師的版本，

人物作表比較多，動作比較精鍊而有尺寸。學完了之後，就到美國各州巡演去了，差不多演了十場左右。

《鍾馗嫁妹》跟《蘆花蕩》很像，以舞動身上為主。因為這戲有些像撅屁股等小動作，容易讓身上的份兒壞了，所以當初學的時候我不是很喜歡這齣戲。因為鍾馗是鬼，所以他的外在身形表現要非常怪異，跟平常所學的正常人物是不一樣的，要把怪異的地方突出，但也要能讓觀眾接受，所以要特別強調鍾馗的鬼形表現。這種外形歪七扭八的戲，如果弄多了，你回到正常的戲時，就會忘份兒了，比如我們一般花臉抬腳是這樣單腳抬起（示範），但鍾馗是這樣要勾腳、撇開（示範），完了之後手還要這樣一高一低（示範），要扭曲化他，如果一直這樣，你就會習慣這個樣子，等要學正常的戲時，就會忘了該怎麼擺了。而且這齣戲可以跟現代劇場結合，加些燈光、音響、布幕，就可以營造詭異的氣氛，比較能讓現代觀眾接受。當時學戲的時候，能夠學到不同路子的戲覺得很新奇，而且感受到大陸老師教戲時教法科學、一語道破，我感覺大陸老師應該是不斷地在修正他們的教學方式。

後來從戲曲學院畢業後，先繼續升學讀了二技，之後插大讀了文化的國劇系，當時選修了開「中國戲劇學」的林鋒雄老師的課，在他的課上接觸到崑曲。老師是個喜愛崑曲表演的文學教授，當時在課堂上播放了一些錄影帶帶領我們了解崑曲，當時看了《爛柯山》我就非常喜歡，在課堂上看了錄影帶覺得不錯。但還是不敢學，興趣也比較低，主要是我覺得我京劇學得還不夠。

問：請問您在復興在校期間所受之教育為？是否與您學習崑曲有關？

吳：嚴格說起來，我所有的崑曲劇目只有學兩齣，都是在復興劇校在學期間，由復興從大陸請來的大陸京劇老師教的。除了《蘆花蕩》、《鍾馗嫁妹》外，還學了《金山寺》的伽藍和《通天犀》的青面虎（民國八十六年學的）。不過我們的《通天犀》不是崑的、改京的，因為唱【高撥子】，教我這戲的是賈士銘老師。《通天犀》戲裡技巧成份比較高，有一段玩椅子的戲，還有可以「拿人」（指可以拿出來顯示演員功底）的技巧，青面虎是個個性比較反覆無常、捉摸不定的一個人，並不是單純的演法，要突然來一下。

問：請問您參與哪些劇團或在哪些場合演出崑曲？

吳：國光劇團也曾推出崑劇匯演，不過我們都是京劇演員，不免演出時會有京味，是行銷演出的一種廣告手法。

也曾支援水磨曲集崑劇團演出《長生殿・驚變》的楊國忠，裡頭沒有唱、就是念。還有臺崑演出《漁家樂・刺梁》的梁冀，之後就比較不接崑曲戲，因爲太難了怕無法勝任。

問：請問您是否教崑曲？

吳：我沒教過崑曲，老實說《蘆花蕩》、《鍾馗嫁妹》、《通天犀》這三齣戲都不好教，《蘆花蕩》你沒有腿、《鍾馗嫁妹》你沒有功，你怎麼教？《通天犀》的人物比較隨性不能當正戲教，對初學者來說也不太適合，因爲容易壞份兒。這三齣戲就不能太早學。

問：請問您在京崑的學習中，認爲崑曲與京劇有什麼不同？在學習上有什麼困難？在表演講求上有何不同？您認爲學習的困難點與挑戰爲何？

吳：之前我在國光劇團服務時，國光劇團請來了生行的劉厚生老師和丑行的劉異龍老師來團裡給演員們演講，介紹崑曲。他們當時是由臺崑請來臺灣演崑曲的，我那時候去看，太到位了！因爲劉厚生老師是京轉崑，所以他就示範了許多京崑間的不同，我那時才深刻地發覺京崑之間是如此不同！同時也感受到崑曲比較講究，不像京劇，不受什麼板槽、唱腔配合的拘束，像唱「前面」他就兩指比出去（示範），他也可以不比（示範）。但崑曲就不是啦！他是「前（手指出去、停頓）面（再壓手腕）」。他那時講了很多，經過他的示範，我就發現難怪崑曲到位、難怪崑曲難，可是我還是沒興趣（笑）。他的到位是他把規範處理得太自然！像是生活一樣，他搬演古代人物時他幾乎就是古代人物了，要講究又要自然，他那時的示範打到我的心，對崑曲就比較了解，也更不敢觸碰了。

我覺得京劇和崑曲還是兩個範兒，兩個不同路線、方法、詮釋、台上的感覺，要說京崑本一家我覺得不是。你得分磁實、分清楚，觀眾是看兩個不同的藝術。在唱腔上，京劇的花臉有許多慣有的裝飾音（示範），調門也比較高，像《蘆花蕩》「我去找～～（編按：唱「找ㄠㄠ」）那～下～～（編按：唱「下ㄚㄚㄚ」）邳～（編按：唱「邳ㄟㄟ」）城～」（示範，發聲位置靠近鼻腔）；崑曲的淨角則規範得多，音比較要求要完全準（示範），調門比較低，唱得可以很掛味兒，像《蘆花蕩》「我去找那～下～～～（編按：唱「下ㄚㄚㄚ」）邳～（編按：唱「邳ㄟㄟ」）城～」（示範）。我之前也曾跟宇航哥聊過，他也表示我們京劇演的這些戲跟崑曲有太多不同點了，比如我們過去唱《蘆花蕩》一定要頂到正宮調，宇航哥說其實崑曲

的不用唱那麼高。

在動作上，以《蘆花蕩》來說，京劇的動作比較隨性，情緒一下子就過去了，不會有什麼身上的，在形式上比較不受那麼大的拘束和規範；崑曲就把字、腔、身上擺得很小心、比較注意。

像有些武生演員演《挑滑車》、《夜奔》，都是崑曲，我不認為他們是因為喜歡崑所以演崑，我個人認為像是「征服幾齣名劇」，你才是那個行當的角兒，而不是從崑曲的角度來學習與演唱。

問：**請問在國光期間是否跟張毓文老師學習了崑曲？**

吳：（王）耀星姐向張毓文老師學了《南柯夢・瑤臺》，劇團派我去演螞蟻（四太子），我是先看了帶子，然後張毓文老師、戴祥麒老師來臺後，給我說了一下戲的路子，並沒有跟我說咬字、唱腔。這齣戲太麻煩了，一大堆碎詞，在旦角的唱裡面念（夾白），我們京劇演員平常聽的是過門，聽到過門就念詞兒。老實說我雖然有文戲的底子，但他唱什麼我完全聽不懂，所以我不是靠聽字音夾白的，而是靠硬記旋律念詞，戴老師還誇我說：「我第一回演都沒你這麼熟」，我就心一驚，這齣戲也讓我覺得崑曲真的不容易。

附錄二十五：鄒昌慈訪談稿

　　鄒昌慈，小海光第三期「昌」字輩，工文老生，師承張鳴福、謝景莘、胡少安、周正榮、哈元章、安雲武等老師。畢業於中國文化大學戲劇系國劇組，曾任職於龍套劇團、海光國劇隊，現為國光劇團老生演員。參與「崑曲傳習計畫」第五六屆，師從陸永昌、計鎮華、張世錚、黃小午等名家。曾獲文藝金像獎青年組國劇最佳生角獎。

　　訪談時間：西元 2014 年 3 月 14 日 15：20
　　訪談地點：木柵戲曲學院國光劇團國光劇場後臺

問： 開蒙戲為何戲？

鄒： 我的京劇開蒙戲是由張鳴福老師教的《魚腸劍》，我上一檔封箱戲（癸巳年，公平正義・安心過年）就演了這齣，就是張鳴福老師的版本，安祈老師給我找了幾個版本，我就發現其中一個是我們老師教的版本，對我來說很特別。

問： 請問您在海光在校期間所受之教育為？學戲時是否以崑曲開蒙？

鄒： 進入海光之初，我們都要上曲牌課，我們根本不知道是崑曲，只知道是京劇裡的群唱，也就是合唱，像歌隊的感覺。入門必學《天官賜福》，由海光的文武場笛師李劍平拍曲，現在大陸已經不會《天官賜福》了，當時破四舊時是不信神、鬼、怪的，他們現在就要回頭找這些舊的，當時安雲武老師來臺灣時就很想把《天官賜福》帶回大陸教，只是沒能成行。

　　除此之外，最常唱的是《金山寺・水鬥》的法海，那是我們最早學的崑曲戲，只是我們不知道那是崑曲，只覺得是曲牌組合成的一齣戲（笑）。

一直到長大後，學了京劇的《金山寺》才發現，當初不知道學的是崑曲，跟京劇截然不同。除了這兩齣戲之外，就學一些曲牌這樣，因為坐科都得上曲牌課的，不管什麼戲，只要有曲牌，都由李劍平給我們拍曲上課。

問：請問您什麼時候開始接觸崑曲？

鄒：小時候也不知道有工尺譜，就是每天教、跟著笛子唱，一直到上大學才認識工尺譜。進入大學後，由林逢源老師教崑曲課，我當時只想說就是曲牌，也沒想太多。他就教我們工尺譜，也教我們把工尺譜翻成簡譜的 Do、Re、Mi、Fa、Sol，因為小時候學過兩個月的鋼琴，所以翻過來並不太難，但是還是不太會唱。那時候就以零散的曲牌為主，並沒有特別學整齣戲的曲牌。

問：請問您初次參與崑劇演出的經驗？

鄒：第一次接觸崑曲演出，是六大崑劇團跟國光合作，就借我們京劇演員去匯演。我在張繼青的〈癡夢〉中演衙役，在計鎮華〈彈詞〉旁邊的老生（聽客之一）。本來先由姚繼焜老師教我們〈癡夢〉衙役那段唱，但姚老師的鄉音太重，對於沒接觸過崑曲的我們根本聽不懂，直到張繼青老師要排完戲了，問我們「學會了沒？」大家都搖頭，然後張老師就親自帶我們唱兩遍，神也似地我們就立刻學會了（笑）。幸好當初我的崑曲入門是跟張繼青老師合作，太好聽了，如果是別人可能引不起我的興趣，進而對崑曲一探究竟。如果我當初接觸到的不是蘇崑、浙崑這種比較有崑味兒的崑曲，而是比較現代的北崑、上崑的話，跟京劇區別不大，我或許就不會對崑曲這麼著迷了，我很喜歡江蘇一帶的崑曲，那樣的咬字吐音太迷人了！所以當他們找我去參加傳習計畫時，我就欣然答應去學崑曲。

問：崑曲傳習計畫期間向哪些老師學了哪些戲？

鄒：一開始由陸永昌老師給我們開蒙，教我們吹腔戲〈哭監〉，是非常實授的開蒙戲，一個動作、一個動作都說得非常清楚。上次封箱戲（癸巳年，公平正義‧安心過年）就演了這齣我的崑曲開蒙戲。後來我們到上海演《梁祝》時，我就跟陸老師說我們要演《奇雙會》當封箱戲，老師當場就讓我錄了〈三拉〉，並且跟我說幾個我可以發揮以及一定要注意的點，老師就跟我們說：「你們是成熟演員了，該有的東西要有，其他你們自己發揮。」還跟老師學了〈打子〉、〈彈詞〉、〈寄子〉這些戲。那時候很幸運是在團裡

還不是中流砥柱，而且老師們會配合我們的空檔時段教戲，因為老師們也是圈內人，知道在排戲的時候，根本學不了別的東西，他們就耐心地循循善誘，所以我們也沒有正式地拍過曲。我們念不對了，老師也是很有修養地再示範一次，慢慢地引導我們，而不是指著我們罵說這樣不對。若不是老師如此有耐性地教，我們大概也不會繼續學崑曲，進而喜歡崑曲了。

我正統的第一齣戲是跟計鎮華老師學〈掃松〉，之後又學了〈彈詞〉、《爛柯山》，可惜沒跟老師學到〈搜山打車〉（扼腕），因為計老師太難請了。我後來唱〈彈詞〉是計老師的版本，因為陸老師是按照譜教我們的，而計老師是按照他個人條件調整後的版本教我們的，因為我覺得我的條件跟計老師比較接近，並且要考慮到舞台演出效果，所以我就調成了計老師的版本演。當時計老師跟我們說：「你可以學我，但你不可以像我。」要我們依照自己的條件調整，我目前唱〈彈詞〉還沒唱到【九轉】，希望下次演就把【九轉】也唱上，這樣才全了。

還跟黃小午老師學了〈酒樓〉，跟張世錚老師學《獅吼記》的蘇東坡、〈寄子〉、《連環記‧小宴》。有些戲經過不同老師教，因為每個老師的體悟不同，他們的表演也就不大一樣。

問：學習的心得為何？

鄒：接觸崑曲後，我才發現崑曲不愧是百戲之母。我們過去只覺得京劇已經是最厲害的了，殊不知京劇裡很多東西是從崑曲裡抽出來做為基底的。接觸崑曲後才會擴張自己的視野，原來過去拿了只是一點點。打比方說眼神，我不曉得是不是臺灣京劇演員的訓練關係，我感覺我們眼神比較沒那麼專注，但我看崑曲老師即便是排戲都能抓住你的眼神，不過我說的崑曲老師指的是我在傳習計畫曾接觸過的老師，新生代演員比較沒接觸，就不是很清楚了。

計老師問我說：「你平時生活一出來就這樣嗎？（擺出亮相姿勢）」我就說：「沒有阿。」老師就問：「那為什麼上臺一定要這樣？（亮相）」我就發現計老師上臺沒有亮相，但是他的眼神可以抓住人。所以我就得要調整，要做到不亮相的亮相，但已經習慣要亮相了所以很難改，不過就是一輩子的功課。而且會想研究為什麼老師不亮相但還是這麼好看？計老師有特別跟我們說他上臺是不亮相的，因為平常日常生活也不會這樣。

我們不應該忘本，飲水要思源，雖然京崑已經發展成兩種不同的劇

種，你還是一定得要知道你從哪裡（指崑曲）來，才能把這裡（指京劇）拓展地更好。要不然不知道的人，也許他覺得自己已經做得很好很好了，結果回頭一看才發現是崑曲裡面的東西，那根本就沒有做到「更好」。你如果知道自己從哪裡來，你所謂的「更好」才是真正的好，否則你可能一味衝刺，可是卻不知道自己走了回頭路，知道自己的來源後，你才會有真正的「新」東西。我認為我們永遠都要向泉源取經，在掌握泉源的基礎下，再繼續發展。否則如果你只是一直在京劇中鑽研、鑽研，然後覺得自己很不錯了，說不定你只是達到學習崑曲就能達到的程度，其實並不是了不起的成就，也就是走了回頭路。所以要先向崑曲取經，在他之上，繼續發展。

問：您喜愛的崑曲劇目為何？

鄒：我自己最喜歡的是〈酒樓〉，其中的一句「幾回價聽雞鳴起身獨夜舞」唱詞，打動了我的心，就覺得他怎能夠這樣地鞭策自己，每天清晨雞都還沒叫他就起來練劍，無怪乎他後來會成為「郭子儀」。因為那一句唱詞，再加上動作很美，就喜歡上了，喜歡上後就學得非常認真，因為我這人容易因為一點喜歡，就去把整齣戲學完。只是沒有唱過很多次。

問：您常演的崑曲劇目為何？

鄒：我最常演的是《獅吼記》，因為蘭庭的邀約，蘭庭找來了溫小生（編按：溫宇航）來演陳季常的關係。常演到我後來都覺得我自己是蘇東坡了，都上身了（笑）。

問：請問您喜歡崑曲的原因。

鄒：我非常喜歡蘇崑、浙崑，他們的咬字、吐音非常美。

問：請問跟崑劇演員學習崑曲對您學習崑劇的幫助為何？

鄒：我的崑曲開蒙老師陸永昌老師非常會教，他也是袁國良的老生開蒙老師，是個十項全能的老師，因為過去崑班要跑碼頭的，所以一齣戲裡每個角色都要會，因為時常要頂上去唱，所以陸老師來，他可以教一整齣戲的角色、從頭到尾。老師很有教學經驗，我們學〈哭監〉時一上課就先拿墊子跪在那唱，就像安雲武老師給我上《白蟒臺》一樣，初上課就先練邊盤腿邊唱，因為這些都是很費工的，如果沒有這功的人久了不是腰痠就是腳痠，更別提臉上要做戲。我一開始也不明白老師的用心良苦，還想說老師怎麼不從第一場教，後來排第一場的時候才知道，只要那個難關過了，就

全都過了，所以有老師教真的是不錯，他知道要從哪個點切入。而且人又非常有耐心，又哄又騙地讓我們跟著學崑曲（笑）。也教了我們很多基本身段，這是我們京劇演員所欠缺的崑劇知識，希望老師能再來教我們這些崑曲中跟京劇不一樣的東西，現在就很後悔當初沒跟陸老師好好學這些。

問：請問您是否教崑曲？

鄒：我沒教過崑曲，但跟一個臺大的學生一起研究過《獅吼記》，小生跟孫麗虹孫姐、旦角跟唐天瑞。我不會「教」，不過我可以把我知道的告訴你，但有個前提「你不要叫我老師」，因為我覺得自己的崑曲根本就還不夠。

問：請問您參與哪些劇團或在哪些場合演出崑曲？國內或國外的邀約狀況如何？

鄒：好像參與過一次水磨演出，因為他們主要是曲友的演出，其他主要參加臺崑與蘭庭的演出。參與過第一屆蘇州崑劇節去演折子戲，我個人跟趙揚強合演《連環記・小宴》，還跟孫麗虹孫姐、郭勝芳合演《獅吼記・跪池》，那時候就是初生之犢不畏虎，那時候只把自己當作崑曲的票友、門外漢，所以並沒有想太多，跟第一次去北京演京劇的心情就差很多（笑）。後來也跟蘭庭到大陸演過《獅吼記》，合演的是溫宇航、朱勝麗、陳長燕。

問：在您參與崑曲演出後，觀眾結構是否有所改變？崑曲觀眾與京劇觀眾的不同？

鄒：會的，有些人他看戲是看人的，他喜歡你的話，你演什麼他都來看，不管你唱什麼他都喜歡。京戲觀眾來看我崑曲的人比崑曲觀眾來看我京戲的多。在我演崑曲的時候，京戲迷會跟著來看我的崑曲演出，他們會在我演出後跟我打招呼。但崑曲觀眾通常是崑曲曲友，所以他們並不一定會來看我的京劇演出。

問：請問您在京崑的學習中，認為崑曲與京劇有什麼不同？在學習上有什麼困難？在表演講求上有何不同？您認為學習的困難點與挑戰為何？

鄒：在京崑的念白中，牽涉到兩劇種不同口音，像我們京劇因為是湖廣韻，所以二聲、三聲倒過來念，而崑曲則是三聲、四聲倒過來念，所以我一開始很不習慣，老是覺得老師念錯、念了倒字，比如「請」，京劇是念「ㄑ一ㄥˇ」，崑劇就念做「ㄑ一ㄥˋ」，怎麼聽都不順、念也念得很京味。有一次袁國良從上海給我帶了一本崑曲的《音韻學》來，我才從書中證實了

這件事。發音上因為崑曲說蘇州韻，跟京劇差很多。因為蘇杭的人講話就是尖字多，所以崑曲比較少捲舌音。跟安雲武老師學戲後，我去聽了馬連良的錄音，我感覺他的念白在四聲方面比較靠近崑劇的念白，安老師也說的確可以這麼念，早年馬連良就是這麼念的。早期京劇演員就接觸崑曲，所以他們的風格會融合京崑，並不是特別區分開來。

　　京、崑的唱腔很不一樣，京劇要有爆發力，一段唱的後面要爆開；崑曲講究續航力，要有氣、拖板拖很長，不會爆開會一直下去，要找到氣口才能繼續。而且也體認到識譜的重要，要學會看譜。

　　京崑的表演上來說，兩劇種肢體上的程式是類似的，都是戲曲的身體語言，只不過崑曲的動作比京劇柔得多。比如一個水袖的上袖，京劇可能就一個大敞門就上了，動作比較大；崑曲就會要從手肘上過去，講求一個「雅」字。崑曲最難的是要一邊走、一邊唱、一邊動作，這多費力！最難的經典代表作就是《昭君出塞》，像我們老生演〈寄子〉頂多是靜態的與娃娃生的對襯身段、走位很多。

問：學完崑曲後，是否對京劇技藝產生幫助？請問您具體運用在哪些地方？

鄒：我會把崑曲的東西拿過來用，像我上一檔封箱戲《魚腸劍》，我就把他演得人性化一點，也可能是年紀增長有體悟的緣故，我漸漸可以做以前崑曲老師教的一些京劇老師沒教的動作。他們不只是教動作，他們會把表達人物的方式一起教給你，我再演《魚腸劍》的時候，就會去想這齣戲還可以怎麼表現、怎麼去勾引觀眾。我今天基調是伍子胥，我今天哭就是要勾引觀眾，就想辦法把它揉合進京劇的表演中，去豐富它的人物。計老師要我們「不論如何，都要去勾引臺下的觀眾」，你讓觀眾來看戲的目的就是要勾引他，不然讓他們來這邊坐著幹嘛？以前我們京劇教我們老生唱就是擺好姿勢定格、眼睛要投向遠方，而崑曲是要互動的。觀眾就在你眼前，我後來會看唱詞改變眼神的聚焦，調整成有詞的時候你可以看遠方，可是在抒情或需要得到互動的時候，就會把眼神給觀眾，讓觀眾去揣想我是不是正在看著他們，就會讓觀眾一直把注意放在我身上，看我是不是還會再去看他。我覺得這很好，要你跳出鏡框來勾引觀眾，所以我就會把用眼神勾引觀眾這件事用在京劇表演裡頭。

　　有一次我看大陸演員的《武家坡》，覺得很好笑！臺上明明就薛平貴和王寶釧兩個人，為什麼你一唱完是衝著外面（編按：指觀眾）看呢？不是只有兩個人嗎？薛平貴不是在挑逗王寶釧嗎？為什麼會一直往外看

呢？如果是我的話，應該是在王寶釧唱的時候，我會上下打量她，而不是像個沒事人一樣往遠方看，等她唱完該自己唱了才有作表。但我們京劇老一輩就是這樣表演的，以前是看角兒，角兒唱得好就好，現在就不行了，現在的觀眾不是只聽唱念了，他會看戲好不好看、是否引起他的共鳴。尤其在現在這個時代，已經不是當初京劇發揚的年代，你只要個人唱得好就好，現在還要演得好，是打整體戰的時候。

如果是像京、崑都有的，我也會把他們融合成我自己的表演。比如我上週（3月8日）演的《連環記・小宴》王允，這齣戲的崑曲是張世錚老師教的。因為我覺得崑曲的〈小宴〉太經典了！所以我除了保留一些京劇裡該有的東西外，其餘就拋掉改用崑曲的東西。因為崑的表演比較內斂、人性，不像京劇很程式化，崑曲的表演講究互動、眼神，我加了很多我自己的體會，若按以前的表演我可能就會假裝沒看到呂布對貂嬋調情，現在我就會加一些情緒進去豐富邊配的人物。以前龍套可能沒戲，可是現在不行了。因為以前看戲可能是看角兒，可是現在看戲是看整體，不論是視覺或聽覺，要全方位的。像王允偷聽呂布與貂嬋私訂終身的那段表演，崑曲的表演比較喜劇化，京劇的表演比較心機化。我以崑曲為主，把喜劇化的成份收掉一點、心機化的成份增加一點，就讓他玩笑一點，因為京劇是比較結果論的，你是怎樣的人，你就一直是這樣的。我想讓觀眾知道王允並不是真的對呂布像表面上那樣，那麼地客氣。

附錄二十六：丁中保訪談稿

　　丁中保，復興劇校三期「中」字輩，工文丑。畢業於國立臺灣藝術大學中國戲劇組（原國立藝專）、佛光大學藝術研究所，曾任職於李棠華綜藝團、陸光國劇隊，現為臺灣戲曲學院助理教授級專任技藝教師、歌仔戲導演。與閻倫瑋合出《京劇丑角基本功初階教材》（國立臺灣戲曲學院，2010年）。

　　訪談時間：西元 2014 年 5 月 14 日 10：30

　　訪談地點：內湖戲曲學院圖書館

問：開蒙戲為何戲？

丁：入學之初學過《天官賜福》，他每一句中間的鑼鼓點對我們來說就很像京劇的過門，只是沒那麼制式化。也學過《金山寺》，跟白傳鶯、李華齡合演過，也教過學生。

問：您曾參與的中華崑曲傳習社，是由誰發起與主導？由誰指導？成員有哪些？

丁：我從復興劇校畢業、入團後，前校長劉伯祺先生於其任內成立了「崑曲研習社」，全名是「復興劇團附屬崑曲研習社」，當時團裡的總幹事是曹駿麟曹叔，社長是鍾傳幸。

　　請來了兩位崑曲老師教我們唱曲和身段，一個男老師（已經忘了他的名字）、一個女老師叫許聞佩，並請笛王徐炎之老師來吹笛，他是主吹，由我們的學長魯復順給我們拍曲牌，擔任副吹的工作，六場通透、場面上的東西都會的。後來杜自然老師也教過我們。

　　這個社團當時前後大概維持不到一年就解散了，因為剛好劉伯祺校長離開了、而且崑曲老師也不好請，所以社團就解散了。後來我就沒再學崑曲了，不過當時學的這些戲，復興之後的公演也有演，也推出過崑曲之夜。

問：一共學演了哪些戲？

丁：當時社裡的戲是由團裡的戲劇指導們商量要演哪些戲，並且跟團裡的長輩們協調才決定的，然後由社長鍾傳幸去聯絡教戲的老師、安排上課和演出，每次排定的戲都不一定是哪個行當，去上課的通常就是要演出的人。來上課的老師不一定是誰，但笛子必定是徐炎之老師。

我當時學的第一齣戲是《風箏誤·前親》的彩旦詹愛娟，要說一口蘇白，那時又沒有錄音機，所以我就自己想辦法用注音、台語、英文去拼出所有的蘇白，因為沒有崑曲的底子學這齣戲，真的很困難，把劇本畫得滿滿的都要看不到字了。當時會安排學習《風箏誤·前親、後親》的原因是劇情跟《鳳還巢》很像，都是兩個小姐的錯婚戲，我們學起來就會很上手。學完〈前親〉後，再學其他崑曲就都好學了。前陣子把以前學〈前親〉的本子找出來，看著上面的記號，是我寫的沒錯，但都不會唱了。之前文建會出了套《崑劇選輯》，我再看了次〈前親〉，就想說我以前真的演過嗎？現在再叫我臥魚我是臥不下去了，但回憶起來很好玩兒。這齣戲大概就演那麼一次，主要是蘇白觀眾也聽得不是很懂，雖然有手抄的劇本供觀眾看，但畢竟不像現在有字幕一樣，觀賞就比較自由。

我學的第二齣崑曲是〈思凡、下山〉的〈下山〉，是世新的田士林老師教的，老師當時很忙、每週抽空來教，每個禮拜一堂課、若有需要就會加課，來教了差不多半年左右，〈下山〉原則上是學了一半、並未學完，後面是由我的師哥曹復國給我續上的。後來兩岸通的時候，中京院的寇春華老師來臺，我就把這齣戲的後面整個續上了，我當時是在環雅百貨公司學的，還學了《春草闖堂》的胡進、《審頭刺湯》的湯勤。當時跟陸光的李光玉合演〈思凡、下山〉，她的〈思凡〉應該是在陸光跟梁秀娟或是馬述賢老師學的。後來去陸光幫忙演丑角戲的時候，也在陸光跟李光玉合演過〈思凡、下山〉。當初學這戲的就我一個，因為這齣戲吃功夫，而且必須要有舞台經驗，沒有演出的火候演不了這齣戲，所以團裡就派我學這齣戲，學這齣戲就當作是練功。

因為有了前兩齣崑曲底子，于金驊老師就教我崑的《瘋僧掃秦》，跟秦檜有關的戲。其他人還跟許聞佩老師學了《獅吼記》（曹復永、程景祥、葉復潤）和《費貞娥刺虎》（徐中菲、齊復強），當時徐中菲在讀文化大學，也參加了崑曲研習社，她在文化也跟梁秀娟老師學了一些戲，也包含崑曲，但因為是她在文化讀書的事，我沒參與所以也不清楚。

問：當時的崑曲之夜演出情況如何？

丁：過去三軍和復興每三個月會輪到一次在國軍文藝中心演出，我們叫「輪檔公演」，當時復興是大班演十天、小班演七天。以前配合晝長夜短，夏天七點、冬天七點半開鑼，規定十點半就要結束否則就要罰錢，但我們都會演到差不多十一點，那是娛樂比較少的時候，每天會演四五齣戲，後來有了電影等新的娛樂，就提早到十點半結束了。

　　當時的崑曲之夜就是復興在國軍文藝中心的輪檔公演中，安排一天演出兩、三折崑曲，把老師來復興教的崑曲跟京劇一起演，並不是純演崑曲，那時候唱了不少崑曲。像我演〈前親〉時就接演〈後親〉，跟其他京劇一起演。通常我們演開鑼戲，葉復潤葉哥、曹復永曹哥、程景祥程叔等主演大軸。我們演崑曲的時候，臺大、師大那些人都會來看。

　　年代記不太清楚了，如果找我們以前復興出的小本子的話，就可以找到那些演出記錄了。或是可以參考溫秋菊的《臺灣平劇發展之研究》，書裡有記錄我們當初輪檔公演時演的劇目和日期，裡面記錄了我們復興復班到統班的戲單。記得當時前立委朱惠良也跟我們一起演崑曲之夜，滿熱鬧的。

　　當時還演出過「丑角之夜」，于金驊老師、周金福老師等所有丑角都出來了。

問：是否曾參與崑曲傳習計畫？

丁：崑曲傳習計畫推行時，我已從劇團轉到學校進行教學工作，所以就沒參加了。主要是想把舞台留給後輩，太戀棧舞台的話未來從事教學時會有失落感，既然離開了劇團沒有了舞台的表現機會，而且劇團裡還有其他演員，就把學習和演出的機會讓給當時劇團的後輩演員去學，自己就沒去參加了。

問：請問您在復興在校期間所受之教育為？是否與您學習崑曲有關？

丁：最早學過《小放牛》，那時學的時候看的是工尺譜，那時的工尺譜老師是魯復順老師。不過《小放牛》是小調戲，又叫「八板」，接近吹腔的型式，並不算是崑曲。

　　在復興劇校期間，學過復興版的《林沖夜奔》，上伽藍和徐寧，跟大陸的「一場乾」演法不同，因為破四舊的關係，大陸禁止舞台上有鬼神，所以我們復興的《林沖夜奔》是最典型的京劇版本。也學過復興版的《扈

家莊》，我們的王英是武丑應工、走矮子步，大陸是武生應工，演法大不相同。

我們其他學過的接近崑曲的是「曲牌」，是因應戲裡需要而學的，不管是南曲、北曲，都跟著裡頭學。但不是真正的崑曲，真正開始學崑曲就是畢業後，跟徐炎之老師他們學《風箏誤·前親》。

不過我讀復興劇校的時候，曲復敏曲老師（當時曲老師是老生、老旦兩門抱）和毛復海毛老師在劇團曾跟王質彬老師學過《別母亂箭》，也就是《寧武關》，這齣戲對我們京劇演員來說是南方戲。

問：在崑曲研習社學習並演出崑曲，對接下來的演出是否有影響？之後又學了哪些戲？

丁：因為一開始第一齣崑曲學的是《風箏誤》，那時就打下了厚實的蘇白底子，之後跟童小苓合演全本《活捉》時又跟童芷苓學蘇白，所以之後再學《醉打山門》的酒保時，蘇白就學得很快了。

之後再學京版的《春香鬧學》就學很快了，我們京劇裡的陳最良是小生、老生兩門抱。跟周亮節周老師學蘇白，因為他本身是南方人，只要碰到其他南方人像是吳劍虹老師、顧正秋老師等都是說蘇白的。

也學了《秋江》，大鵬之前演過崑版的，等到我們學這齣戲的時候，是在張春華老師來臺後，就改說四川話了。以前演是念蘇白的，京劇是有這戲的，當時跟王鳳雲唱《秋江》。

過去也演《昭君出塞》，合作過的昭君有徐中菲、夏褘、王鳳雲、劉嘉玉等人，合演過的馬伕有毛復奎、莊統能、林勝發、張化宇等人，合作的這幾次都是我演王龍。之前孫正陽老師來臺，就給我指點過這齣戲的蘇白，所以我的蘇白老師很多。

之前第一批大陸老師來臺時，曾教當時還是武生的趙揚強（編按：後改行小生）全本《石秀》，找我去合演。

我在復興劇團的時候，其他還學過《卸甲封王》、《蘆花蕩》、《扈家莊》等戲，跟翁中芹、劉復雯合唱過《扈家莊》。大學的崑曲社或票房演出也找我們去跑龍套，比如我念國立藝專的時候，校長夫人很喜歡唱戲，就組織了個票房，後來還獲張學良的女婿邀約到美國去唱京劇，就叫「真善美國劇團」。

問：請問您是否教崑曲？對象為何？教過哪些劇目？在哪些場所教？請問您如何決定學生學習崑曲的劇目？

丁：因為郭鴻田老師要教《醉打山門》這齣戲，就找我學酒保，當初跟于金驊老師學的是蘇白，就也原原本本地教學生，跟學生合演的魯智深就京唱了。因為過去有許多老師——如許聞佩老師、周亮節老師、童芷苓老師、孫正陽老師——給我指點蘇白，學得很紮實，結果教的時候，由於學生完全沒學過蘇白，甚至連台語都講不好，因此他講得很彆扭的樣子，我們教學的時候就比較困難一點，花了段時間糾正學生的發音。

問：請問您在京崑的學習中，認為崑曲與京劇有什麼不同？在學習上有什麼困難？在表演講求上有何不同？您認為學習的困難點與挑戰為何？學習崑曲的心路歷程與轉變？

丁：我認為戲曲學院的學生應該要學崑曲，國中的小孩兒就小段、小段地學一段崑曲，對他未來唱戲的吐字會有很大的幫助，因為崑曲很講究咬字，蘇白的發音不容易，只是若不是在蘇州演的話就必須要有字幕，否則不易理解內容。在高中部時學齣崑劇，在他有了三功五法的根基之上、卻還沒被京劇「定型」的狀況下，你就會有很多的吸收空間，學齣崑劇對他會有很大的幫助，當你再晚一點、已經定型的時候再學崑劇，你會排斥它，會「事倍功半」，感覺很容易，但比登天還難。

　　崑曲真的難，跟京劇不同，京劇是接近吹腔的，是有過門的。剛開始學崑曲的時候是看工尺譜的，學會了之後再學其他戲要看工尺譜就容易了。我自己唱的時候，我很注意板槽，我會自己去拍板，因為老師教的時候，老師不一定會去拍板，但是有拍板的話，對於唱的幫助很大，對於唱的變化、身段就會更明瞭。崑曲的身段我們學京劇的都懂，但京劇的身段比不了崑曲的，因為崑曲只要一有音樂就要起唱，起唱就有身段，到現在更了解之後，還是覺得崑曲是比京劇難的，要特別強調身段，板槽、身段、字詞要結合。而且它雅俗共賞，意境太高了，它的文字太雅了，如果不是讀中文的很難能理解。